全国高等职业教育示范专业规划教材

基础会计实训

李金茹　赵　宇　温艳红　编

机械工业出版社

本书基于会计工作过程设计实训内容，主要包括七个学习情境，学习情境一是会计基本技能实训；学习情境二至学习情境六为会计核算方法实训，分别为原始凭证的填制与审核、记账凭证的填制与审核、账簿的设置与登记、期末业务处理、会计报表的编制；学习情境七为综合实训。单项实训中每个学习情境分别给出任务案例、实训步骤提示、实训用品资料，便于学生自主学习；综合实训中模拟工业企业一个月的经济业务，要求学生自行准备会计实际工作用品，进行仿真实训。从会计环节上看，本书包括建账、原始凭证的填制与审核、记账凭证的填制与审核、账簿的登记、报表的编制等环节。从实训内容上看，本书包括了工业企业发生的常见经济业务。

本书适合各类高职高专院校、成人教育会计专业学生使用，也可以用于企业会计从业人员的培训及各类自学考生使用。

图书在版编目（CIP）数据

基础会计实训/李金茹，赵宇，温艳红编．—北京：机械工业出版社，2009.8（2014.9 重印）
全国高等职业教育示范专业规划教材
ISBN 978-7-111-27899-3

Ⅰ．基… Ⅱ．①李… ②赵… ③温… Ⅲ．会计学—高等学校：技术学校—教材 Ⅳ．F230

中国版本图书馆 CIP 数据核字（2009）第 130165 号

机械工业出版社（北京市百万庄大街 22 号 邮政编码 100037）
策划编辑：孔文梅 责任编辑：孔文梅 张 亮
责任印制：乔 宇
北京汇林印务有限公司印刷

2014 年 9 月第 1 版第 5 次印刷
184mm×260mm・10.5 印张・203 千字
14001—16000 册
标准书号：ISBN 978-7-111-27899-3
定价：20.00 元

凡购本书，如有缺页、倒页、脱页、由本社发行部调换
电话服务 网络服务
社服务中心：（010）88361066
销售一部：（010）68326294 门户网：http://www.cmpbook.com
销售二部：（010）88379649 教材网：http://www.cmpedu.com
读者购书热线：（010）88379203 封面无防伪标均为盗版

前 言

本书是根据教育部《关于全面提高高等职业教育教学质量的若干意见》（教育部16号文）和教材建设的总体要求编写而成的。2006 年出台了新的《企业会计准则》，按照新准则强化会计模拟实训，已成为高职高专教育的当务之急。本书以适应高职教学需要、体现高职特点为原则，基于工作过程设计教学内容与教学环节，配备仿真的实训资料。

本书在编写中做到了以下几点。

（1）思路新。本书编写思路是基于会计工作过程，主要包括七个学习情境，学习情境一是会计基本技能实训；学习情境二至学习情境六为会计核算方法实训，分别为原始凭证的填制与审核、记账凭证的填制与审核、账簿的设置与登记、期末业务处理、会计报表的编制；学习情境七为综合业务处理。按照先单项后综合的设计思路，符合学生的认知规律。

（2）内容新。本书以 2006 年财政部最新颁布的《企业会计准则》为主要编写依据。

（3）会计原始资料仿真。每笔经济业务所附的原始凭证采用最新的、仿真的凭证。

（4）配备实训步骤讲解。大部分会计实训类教材是练习性教材，本书对每个学习情境分别给出任务案例、实训步骤提示、实训用品资料，便于学生自主学习。

（5）配套辅助资料齐全。本书配备了电子课件、实训结果等教学资料，2006 会计准则、2006 准则讲解、会计法等学习工具资料。丰富的辅助资料便于老师教学和学生自学，打破了课堂教学的空间范围和时间范围。凡选用本书作为教材的教师均可免费索取，请发送邮件至 cmpgaozhi@sina.com，咨询电话：010-88379375。

本书由李金茹、赵宇、温艳红编写，具体编写分工为：李金茹提出编写大纲，负责单项实训的编写；温艳红负责编写综合实训部分模拟企业的主要业务；赵宇负责综合实训部分原始凭证的编制，并对全书进行审核；天津开发区职业技术学院会计专业建设委员会参与对企业会计人员基本能力的需求分析。

本书在编写过程中参阅了大量同类教材，走访了多家企业，得到了多家企业和其他老师的支持和帮助，在此一并表示感谢！

尽管我们为编写此书付出了很大努力，但由于我们的理论水平和实践经验有限，加之时间仓促，书中难免有错漏之处，恳切希望广大读者批评指正，以便再版时修正完善。

编 者

目　　录

学习情境一

会计基本技能实训

学习目标

1. 能正确书写会计小写数字。
2. 能正确书写会计大写数字。
3. 能熟练、准确地运用小键盘、计算器或算盘进行平打、翻打。

任务案例

作为一名准会计人员，填制会计凭证、登记会计账簿、编制会计报表，这些日常工作要求会计人员要能够规范、正确地书写小写数字、大写数字；会计数据的处理，要求会计人员能熟练、准确地对会计凭证、会计账簿、会计报表中数据进行平打、翻打运算。

1．会计小写数字训练。书写纸如表 1-1 所示。

2．会计大写数字训练。书写纸如表 1-2 所示。

3．小键盘训练。练习纸如表 1-3 所示。

任务处理

一、会计小写数字书写训练

1．每个数字要大小匀称，笔画流畅；每个数码独立有形，使人一目了然，不能连笔书写。

2．书写排列有序且字体要自右上方向左下方倾斜地写（数字与底线通常成 60 度的倾斜）。

3．书写的每个数字要贴紧底线，但上不可顶格。一般每个格内数字占 1/2 的位置，要为更正数字留有余地。

4．会计数码书写时，笔画顺序是自上而下，先左后右，防止写倒笔字。

5．同行的相邻数字之间要空出半个阿拉伯数字的位置，但也不可预留间隔（以不能增加数字为好）。

6．除“4”、“5”以外数字，必须一笔写成，不能人为地增加数字的笔画。

7．“6”字要比一般数字向右上方长出 1/4，“7”和“9”字要向左下方（过底线）长出

1/4。

8．对于易混淆且笔顺相近的数字，在书写时，尽可能地按标准字体书写，区分笔顺，避免混同，以防涂改。例如：“1”不可写得过短，要保持倾斜度，将格子占满1/2，这样可防止改写为“4”、“6”、“7”、“9”；书写“6”时要顶满格子1/2，下圆要明显，以防止改写为“8”；“7”、“9”两字的落笔可延伸到底线下面；“6”、“8”、“9”、“0”的圆必须封口。

按照以上要求，在书写纸上正确书写小写数字，书写纸如表1-1所示。

表1-1 小写数字书写纸

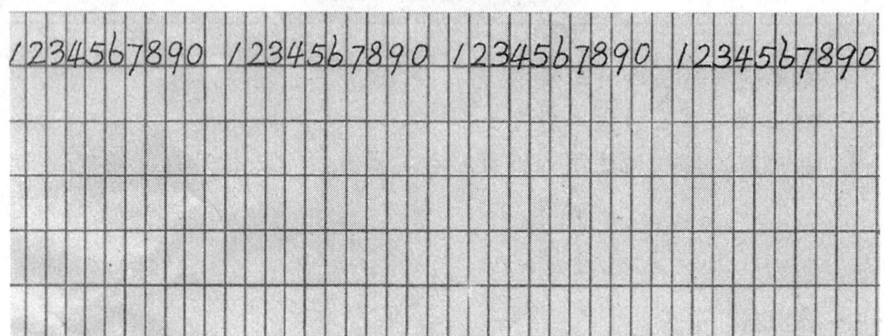

二、会计大写数字书写练习

1．大写数字的书写

汉字大写数字金额如零、壹、贰、叁、肆、伍、陆、柒、捌、玖、拾、佰、仟、万、亿等，一律用正楷或者行书体书写，不得用0、一、二、三、四、五、六、七、八、九、十等简化字代替，不得任意自造简化字。

大写金额数字到元或者角为止的，在元或者角字之后应当写“整”字或者“正”字；大写金额数字有分的，分字后面不写“整”字或者“正”字。例如，人民币35 680元，大写金额数字应为“人民币叁万伍仟陆佰捌拾元整”或为“人民币叁万伍仟陆佰捌拾元正”；又如，人民币471.90元，大写金额数字应为“人民币肆佰柒拾壹元玖角整”或为“人民币肆佰柒拾壹元玖角正”；再如，人民币2 308.66元，大写金额数字应为“人民币贰仟叁佰零捌元陆角陆分”。

2．货币名称的书写

大写金额数字前未印有货币名称的，应当加填货币名称，货币名称与金额数字之间不得留有空白。在发货票等需填写大写金额数字的原始凭证上，如果有关货币名称事先未能印好，在填写大写金额数字时，应加填有关的货币名称，然后在其后紧接着填写大写金额数字，如人民币186 497元，应当写成“人民币壹拾捌万陆仟肆佰玖拾柒元整”，不能分开写成“人民币　壹拾捌万陆仟肆佰玖拾柒元整”。

3．“零”字的写法

阿拉伯金额数字中间有0时，汉字大写金额要写“零”字；阿拉伯数字金额中间连续有几个0时，汉字大写金额中可以只写一个“零”字；阿拉伯金额数字元位是0，或者数字中间连续有几个0，元位也是0，但角位不是0时，汉字大写金额可以只写一个“零”字，也可以不写零字。例如：人民币 105 846 元，应写成“人民币壹拾万零伍仟捌佰肆拾陆元正”；人民币 1 000 846 元，应写成“人民币壹佰万零捌佰肆拾陆元正”；人民币 1 860.96 元，可以写成“人民币壹仟捌佰陆拾元零玖角陆分”，也可以写成“人民币壹仟捌佰陆拾元玖角陆分”；人民币 86 000.80 元，可以写成“人民币捌万陆仟元零捌角整”，也可以写成“人民币捌万陆仟元捌角正”。

按照以上要求，在书写纸上正确书写大写数字，书写纸如表 1-2 所示。

表 1-2 大写数字书写纸

小写金额										大写金额
千	百	十	万	千	百	十	个	角	分	
¥	3	5	6	0	0	2	0	0	0	
	¥	2	0	0	0	0	0	1	0	
¥	1	3	5	6	4	0	0	0	0	
	¥	9	6	5	4	3	1	1	1	
¥	2	5	6	8	0	0	0	0	2	
	¥	7	0	0	0	8	9	0	3	
¥	8	3	4	5	0	0	0	2	0	
	¥	1	3	5	0	9	0	2	1	
¥	3	6	7	4	0	9	9	6	3	
¥	1	0	0	0	0	0	0	0	9	

三、小键盘训练

数字键盘的指法是：中指打 258，食指打 147，无名指打 369，大拇指打 0，小指打回车。练习小键盘可分几个过程：

1．熟悉键位。按顺序反复敲击 13579＋24680。

2．实际应用。平打传票，平打练习如表 1-3 所示。

3．实战训练。翻打传票（训练左右手配合）。

表 1-3 某银行业务技能测评小键盘平打试题

序号	千百十	亿千百	十万千	百十元	角分	序号	千百十	亿千百	十万千	百十元	角分	序号	千百十	亿千百	十万千	百十元	角分
1				20	47	1			18	484	19	1			994	451	90
2			282	510	37	2			-	947	21	2		5	126	464	84
3			-	696	39	3			443	130	49	3		-	381	881	71
4			34	916	99	4				62	86	4		8	916	748	04
5				490	20	5		3	267	578	12	5			123	455	81
6			44	346	00	6				-56	24	6		-4	211	029	05
7		2	964	080	81	7		-	190	637	20	7			-78	046	56
8			-2	460	90	8			-	574	19	8				57	46
9			212	307	73	9			108	322	14	9			-63	231	50
10			19	049	98	10			84	102	78	10			3	624	90
11		-	397	125	24	11		4	212	402	34	11			-	322	74
12			83	575	43	12			-7	685	45	12		-	518	002	31
13		9	956	878	66	13				-82	58	13			-3	740	81

（续）

序号	千百十	亿千百	十万千	百十元	角分
14			−	557	19
15		−	185	885	62
16			−78	370	66
17				755	14
18		−	562	414	55
19			6	053	43
20			582	162	47
21		−1	287	292	48
22			79	491	27
23			234	033	20
24			52	805	48
25			173	608	39
26			79	856	56
27		−	227	496	33
28				−77	15
29			−9	072	47
30				461	66
31			36	699	52
32				32	72
33		−	408	413	69
34				−64	86
35			1	583	37
36			39	718	01
37			−7	596	46
38		−3	638	641	35
39			−	994	25
40		4	292	053	22
41				11	09
42			−3	537	29
43				82	51
44			2	570	22
45				622	34
46			3	863	03
47			−	459	85
48			−5	219	29
49			−	661	37
50			5	579	10
合计					

序号	千百十	亿千百	十万千	百十元	角分
14		−1	195	831	29
15			−	432	69
16			250	265	50
17			55	115	35
18			−7	478	91
19			960	092	16
20			7	307	80
21		−3	242	584	22
22				−67	12
23		1	490	264	89
24			3	084	10
25			63	000	79
26				144	21
27			22	535	40
28			−5	531	86
29				217	91
30			872	860	71
31			−80	153	19
32				−56	44
33			−	353	07
34			−6	870	54
35			−	254	08
36			337	551	87
37			−10	854	18
38			3	547	18
39			−	248	12
40		−	718	832	39
41			8	603	91
42				703	28
43			76	134	94
44			5	284	11
45			58	048	70
46			3	483	45
47				782	44
48			169	104	00
49			40	432	12
50			4	829	28
合计					

序号	千百十	亿千百	十万千	百十元	角分
14				58	32
15		7	527	526	85
16			317	309	57
17				97	25
18			−21	653	74
19			9	804	71
20		7	964	233	39
21			−5	030	60
22		−	310	113	52
23			−1	601	50
24			−80	620	11
25		−	703	259	27
26				−74	45
27			454	528	80
28			−	143	91
29			1	969	26
30			952	703	85
31			−	107	33
32				76	57
33		−	415	362	54
34			−	519	15
35			−9	873	10
36			62	152	09
37				212	52
38			−6	778	53
39			17	445	98
40				135	78
41			7	970	00
42			14	446	71
43				185	66
44			763	134	76
45				905	18
46			4	412	07
47			62	712	40
48				954	21
49			12	554	32
50				592	43
合计					

学习情境二

原始凭证的填制与审核

学习目标

1. 能正确填制原始凭证的各项内容。
2. 会根据原始凭证的各个项目的填制要求对原始凭证进行审核。

任务案例

案例 2-1 鸿儒木器有限责任公司 2009 年度 12 月份发生以下经济业务，要求填制和审核原始凭证的各项内容。

1．2 日，公司出纳员田野签发现金支票，提取现金 5 000 元，用于日常零星开支，见原凭 2-1。

2．2 日，采购部门业务员李杰准备到成都出差 6 天，预借差旅费 3 000 元，以现金支付（单位负债人：张相），见原凭 2-2。

3．3 日，从珠海微电脑公司采购的微电脑控制仪 5 台验收入库，每台计划成本 8 200 元，实际价款 46 800 元，款项暂欠，见原凭 2-3。

4．9 日，生产部办公桌车间张军领用实木板 300 张，88 元/张，纤维板 300 张，50 元/张，见原凭 2-4。

5．10 日，收到孙丽交来的长春市办公用品销售公司现金 1 755 元，清偿所欠货款，见原凭 2-5。

6．22 日，销售部李杰报销成都出差差旅费 2 860 元，交回余款 140 元。其中出差日期为 12 月 16 日至 21 日，共 6 天，出差补助 200 元/天，附单据 3 张，见原凭 2-6-1 至原凭 2-6-4。

7．23 日，销售给辽宁鑫宇办公设备有限公司办公桌 400 台，每台单价 800 元，合计不含税售价为 320 000 元，增值税税率为 17%，见原凭 2-7。

8．23 日，将收到的现金 30 万元（3 000 张 100 元）存入银行，见原凭 2-8。

9．25 日，签发转账支票，支付沈阳市市政安装公司工程款 145 000 元，见原凭 2-9。

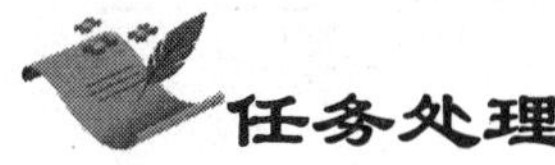

任务处理

根据原始凭证各项内容的填制要求，填制各项经济业务的原始凭证，填制完毕后，将所填原始凭证原凭 2-1 至原凭 2-9 交由审核人员进行审核，保证原始凭证的合法性与合理性。

原凭 2-1

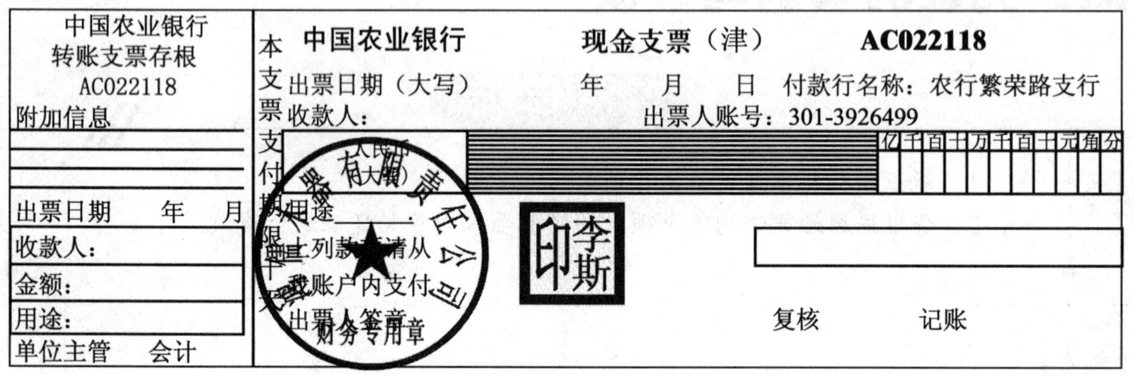

中国农业银行
转账支票存根
AC022118
附加信息

出票日期 年 月
收款人：
金额：
用途：
单位主管 会计

本支票支付期限十天

中国农业银行 现金支票（津） AC022118
出票日期（大写） 年 月 日 付款行名称：农行繁荣路支行
收款人： 出票人账号：301-3926499
人民币（大写） 亿 千 百 十 万 千 百 十 元 角 分
用途
上列款项请从
我账户内支付
出票人签章 财务专用章 李斯印
复核 记账

原凭 2-2

借款单（记账）

年 月 日 顺序第 号

借款单位		姓 名		级 别		出差地点	
						天数	
事 由			借款金额（大写）				
单 位 负责人 签 署			借款人 签 章		注意事项		
机关首长或授权人批示		审核意见					

第三联 借款记账凭证

原凭　2-3

材料入库验收单

售货单位：　　　　　　　　　　　　　　　　　　验字第　　号
单据号数：　　　　　　　　年　月　日　　　　　结算方式：

<table>
<tr><td rowspan="3">材 料 编 号</td><td rowspan="3">名称及规格</td><td rowspan="3">计量
单位</td><td colspan="2">数　量</td><td colspan="2">实 际 金 额</td></tr>
<tr><td>采购</td><td>实收</td><td>单价（元）</td><td>总价（元）</td></tr>
<tr><td></td><td></td><td></td><td></td></tr>
<tr><td></td><td></td><td></td><td colspan="2">计划单价</td><td>运费</td><td></td></tr>
<tr><td>验收意见</td><td colspan="2"></td><td>单价（元）</td><td>总价（元）</td><td></td><td></td></tr>
<tr><td>入库时间</td><td colspan="2"></td><td></td><td></td><td>合计</td><td></td></tr>
</table>

仓库主管：　　材料会计：　　收料员：　　经办人：　　制单：

原凭　2-4

领　料　单

材料类别：　　　　　　　　　　　　　　　　　　领用部门编号：
领用部门：　　　　　　　　年　月　日　　　　　发料部门编号：

<table>
<tr><td rowspan="2">材 料 编 号</td><td rowspan="2">名称及规格</td><td rowspan="2">计量
单位</td><td colspan="2">数　量</td><td colspan="2">金　额</td></tr>
<tr><td>请领数</td><td>实发数</td><td>单价（元）</td><td>总价（元）</td></tr>
<tr><td></td><td></td><td></td><td></td><td></td><td></td><td></td></tr>
<tr><td></td><td></td><td></td><td></td><td></td><td></td><td></td></tr>
<tr><td></td><td></td><td></td><td></td><td></td><td></td><td></td></tr>
<tr><td></td><td></td><td></td><td></td><td></td><td></td><td></td></tr>
<tr><td colspan="3">合计</td><td colspan="4"></td></tr>
<tr><td>用途</td><td colspan="6"></td></tr>
</table>

仓库主管：　　材料会计：　　领料员：　　经办人：　　制单：

原凭 2-5

收 据

年 月 日 No 816745

科 目		交款单位	
摘 要			
金额	人民币（大写）		￥

单位财务章
鸿信木器有限责任公司 财务专用章

会计： 复核： 经手人： 交款人：

原凭 2-6-1

差旅费报销单

年 月 日

出差人			职务		部门			审批人	
出差事由					出差	自 年 月 日			
到达地点					日期	至 年 月 日共 天			
	交通工具				其他	旅馆费	补助		
项目	火车	汽车	轮船	飞机		住宿 天	每天标准	合计	
金额									
总计人民币（大写）									
原借款金额		报销金额		交结余金额					
				人民币（大写）					

会计主管人员： 记账： 审核： 附单据： 张

原凭　2-6-2

01 v 563268762　　天津　售
天津→成都　　K385 次
2009 年 12 月 16 日 19:05 开 10 车 12 号
全价 430.00 元　新空调卧铺特快
限乘当日当次车
在 4 日内有效

原凭　2-6-3

01 v 563269543　　成都　售
成都→天津　　K386 次
2009 年 12 月 21 日 16:55 开 5 车 10 号
全价 430.00 元　新空调卧铺特快
限乘当日当次车
在 4 日内有效

原凭　2-6-4

成都市旅店专用发票

旅客姓名：李杰　　2009 年 12 月 20 日　　成都地税监制 No 20091220

摘要	住宿日期	起止日期	天数	单价	金额 千	百	十	元	角	分	备注
住宿	12.17—12.20		4	200		8	0	0	0	0	
小写金额合计					¥	8	0	0	0	0	
人民币（大写）捌佰元整											

收款员：王晓刚

（印章：郑州假日饭店 发票专用章）

原凭 2-7

天津市增值税专用发票

发票联

开票日期：　　　　年　月　日　　　　No 20091210

<table>
<tr><td colspan="4">名称：辽宁鑫宇办公设备有限公司
纳税人识别号：389570638373426
地址、　电话：沈阳市振兴路 279 号　　6733902
开户行及账号：工行沈阳分行　06-238877830500</td><td>密
码
区</td><td colspan="3">47/-3947/->59*<818<90
7>/0/433>2*3-0+672<7*
1+-<<51+41+>*>58*8460
7658765<56+*31/58>>00</td></tr>
<tr><td>应税劳务名称：</td><td>规格型号</td><td>单位</td><td>数量</td><td>单价</td><td>金额</td><td>税率</td><td>税额</td></tr>
<tr><td></td><td></td><td></td><td></td><td></td><td></td><td></td><td></td></tr>
<tr><td>价税合计（大写）</td><td colspan="7">（小写）¥</td></tr>
<tr><td colspan="5">名称：鸿儒木器有限责任公司
纳税人识别号：221117860653155
地址、电话：天津市繁荣路 1499 号　022-85541064
开户行及账号：农行繁荣路支行　301-3926499</td><td>备注</td><td colspan="2">鸿儒木器有限责任公司
发票专用章</td></tr>
</table>

纳税人：　　复核：　　开票人：　　销货单位：（章）

第三联 记账联 销货方记账凭证

原凭 2-8

中国农业银行现金缴款单（回单）

年　月　日

<table>
<tr><td rowspan="2">收款
单位</td><td>全称</td><td colspan="8"></td><td colspan="4">款项来源</td><td colspan="2"></td></tr>
<tr><td>账号</td><td colspan="5"></td><td colspan="3">开户银行</td><td colspan="3"></td><td>缴款单位</td><td></td></tr>
</table>

人民币（大写）		千	百	十	万	千	百	十	元	角	分

票面	百元	五十元	十元	五元	二元	一元	五角	二角	一角	五分	二分	一分	合计金额
把（百张）数													收款（银行盖章）
叠（二十张）数													复核：
零张数													
合计金额													年　月　日

中国农业银行繁荣路支行
2009.12.23
转账
转讫

原凭　2-9

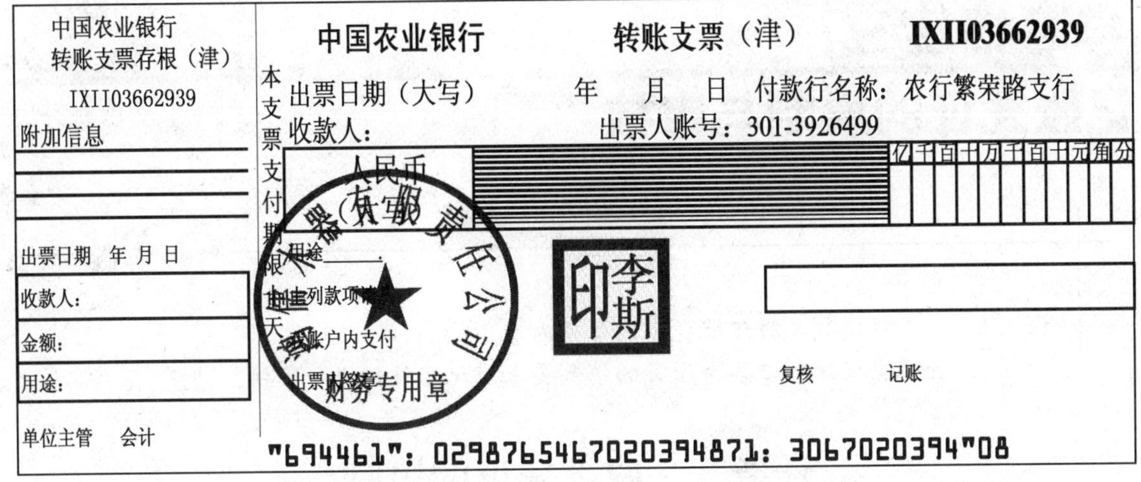
中国农业银行
转账支票存根（津）
IXII03662939
附加信息
出票日期　年　月　日
收款人：
金额：
用途：
单位主管　会计

中国农业银行　转账支票（津）　IXII03662939
本支票付款期限十天
出票日期（大写）　年　月　日　付款行名称：农行繁荣路支行
收款人：　出票人账号：301-3926499
人民币（大写）
亿 千 百 十 万 千 百 十 元 角 分
用途
上列款项请从我账户内支付
出票人签章
财务专用章
李斯印
复核　记账
"694461"：029876546702039487l：3067020394"08

学习情境三

记账凭证的填制与审核

学习目标

1. 能正确填制各种记账凭证的各项内容。
2. 会根据记账凭证各个项目的填制要求对记账凭证进行审核。

任务一　收款凭证的填制

任务案例

案例 3-1　鸿儒木器有限责任公司 2009 年度 12 月份发生以下收款业务，要求根据审核无误的原始凭证（原始凭证略），填制收款凭证的各项内容。

1．2 日，正泰公司偿还上月货款 11 700 元，已存入银行，附件 1 张。
2．9 日，收到业务员张责出差余款 200 元。附件 1 张。
3．17 日，商业汇票到期，款项存入银行，金额 23 400 元，附件 2 张。
4．22 日，收到正大公司投资款 200 000 元，存入银行，附件 3 张。
5．30 日，收到出租包装物租金 300 元，附件 1 张。

任务处理

根据收款凭证各项内容的填制要求，填制案例 3-1 中各项收款业务的记账凭证，填制完毕后，按要求整理会计凭证。

记账凭证　3-1

借方
科目__________

收 款 凭 证

年　　月　　日　　　　　　　　　　字第　　号

摘　要	贷方总账科目	明细科目	贷方金额										记账符号
			千	百	十	万	千	百	十	元	角	分	
合　计													

附单据　　张

财务主管　　　记账　　　出纳　　　审核　　　制单

记账凭证　3-2

收款凭证

借方
科目__________　　年　月　日　　字第　号

摘　要	贷方总账科目	明细科目	贷方金额										记账符号
			千	百	十	万	千	百	十	元	角	分	
合　计													

附单据　张

财务主管　　记账　　出纳　　审核　　制单

记账凭证　3-3

收款凭证

借方
科目__________　　年　月　日　　字第　号

摘　要	贷方总账科目	明细科目	贷方金额										记账符号
			千	百	十	万	千	百	十	元	角	分	
合　计													

附单据　张

财务主管　　记账　　出纳　　审核　　制单

记账凭证 3-4

借方科目____________

收 款 凭 证

年 月 日 字第 号

摘 要	贷方总账科目	明细科目	贷方金额										记账符号
			千	百	十	万	千	百	十	元	角	分	
合 计													

附单据 张

财务主管 记账 出纳 审核 制单

记账凭证 3-5

借方科目____________

收 款 凭 证

年 月 日 字第 号

摘 要	贷方总账科目	明细科目	贷方金额										记账符号
			千	百	十	万	千	百	十	元	角	分	
合 计													

附单据 张

财务主管 记账 出纳 审核 制单

任务二　付款凭证的填制

任务案例

案例 3-2　鸿儒木器有限责任公司 2009 年度 12 月份发生以下付款业务，要求根据审核无误的原始凭证（原始凭证略），填制付款凭证的各项内容。

1．1 日，提取现金 1 000 元，以备零星开支，附件 1 张。
2．5 日，用现金 50 元购买行政办公用品，附件 2 张。
3．10 日，用银行存款支付当月电话费 1 200 元，附件 2 张。
4．20 日，购进甲材料 1 000 公斤，每公斤 10 元，共计 10 000 元，进项税额 1 700 元，材料已入库，款项已通过银行存款支付，附件 4 张。
5．29 日，业务员张游预借差旅费 800 元，支付现金，附件 1 张。

任务处理

根据付款凭证各项内容的填制要求，填制案例 3-2 中各项付款业务的记账凭证，填制完毕后，按要求整理会计凭证。

记账凭证　3-6

付 款 凭 证

贷方科目＿＿＿＿＿＿　　年　月　日　　字第　号

摘　要	借方总账科目	明细科目	借方金额										记账符号
			千	百	十	万	千	百	十	元	角	分	
合　计													

附单据　张

财务主管　　记账　　出纳　　审核　　制单

记账凭证 3-7

贷方
科目__________

付款凭证

年 月 日 字第 号

摘 要	借方总账科目	明细科目	借方金额										记账符号
			千	百	十	万	千	百	十	元	角	分	
合 计													

附单据 张

财务主管 记账 出纳 审核 制单

记账凭证 3-8

贷方
科目__________

付款凭证

年 月 日 字第 号

摘 要	借方总账科目	明细科目	借方金额										记账符号
			千	百	十	万	千	百	十	元	角	分	
合 计													

附单据 张

财务主管 记账 出纳 审核 制单

记账凭证　3-9

贷方
科目＿＿＿＿＿

付 款 凭 证

年　月　日　　　　字第　号

摘　要	借方总账科目	明细科目	借方金额										记账符号
			千	百	十	万	千	百	十	元	角	分	
合　计													

附单据　张

财务主管　　记账　　出纳　　审核　　制单

记账凭证　3-10

贷方
科目＿＿＿＿＿

付 款 凭 证

年　月　日　　　　字第　号

摘　要	借方总账科目	明细科目	借方金额										记账符号
			千	百	十	万	千	百	十	元	角	分	
合　计													

附单据　张

财务主管　　记账　　出纳　　审核　　制单

任务三　转账凭证的填制

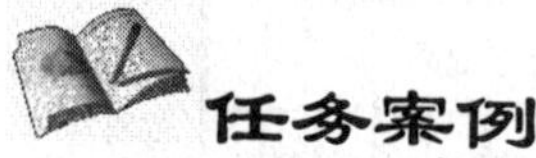

任务案例

案例 3-3　鸿儒木器有限责任公司 2009 年度 12 月份发生以下转账业务，要求根据审核无误的原始凭证（原始凭证略），填制转账凭证的各项内容。

1．3 日，销售商品 20 000 元，销项税 3 400 元，货款尚未收到，附件 3 张。
2．31 日，计提本月折旧费，车间 2 000 元，管理部门 1 500 元，附件 1 张。
3．31 日，计提坏账准备 2 000 元，附件 1 张。
4．31 日，销售部李平报销差旅费 800 元，附件 3 张。
5．31 日，结转已售商品成本 20 000 元，附件 1 张。

任务处理

根据转账凭证各项内容的填制要求，填制案例 3-3 中各项转账业务的记账凭证，填制完毕后，按要求整理会计凭证。

记账凭证　3-11

转 账 凭 证

年　　月　　日　　　　　　　　字第　　号

摘　要	总账科目	明细科目	√	借方金额										√	贷方金额									
				千	百	十	万	千	百	十	元	角	分		千	百	十	万	千	百	十	元	角	分
合　计																								

附单据　张

财务主管　　　　记账　　　　审核　　　　制单

记账凭证　3-12

转账凭证

年　月　日　　　　字第　号

摘　要	总账科目	明细科目	√	借方金额										√	贷方金额									
				千	百	十	万	千	百	十	元	角	分		千	百	十	万	千	百	十	元	角	分
合　计																								

附单据　张

财务主管　　记账　　审核　　制单

记账凭证　3-13

转账凭证

年　月　日　　　　字第　号

摘　要	总账科目	明细科目	√	借方金额										√	贷方金额									
				千	百	十	万	千	百	十	元	角	分		千	百	十	万	千	百	十	元	角	分
合　计																								

附单据　张

财务主管　　记账　　审核　　制单

记账凭证 3-14

转账凭证

年 月 日　　　　字第 号

摘要	总账科目	明细科目	√	借方金额										√	贷方金额									
				千	百	十	万	千	百	十	元	角	分		千	百	十	万	千	百	十	元	角	分
合计																								

附单据 张

财务主管　　记账　　审核　　制单

记账凭证 3-15

转账凭证

年 月 日　　　　字第 号

摘要	总账科目	明细科目	√	借方金额										√	贷方金额									
				千	百	十	万	千	百	十	元	角	分		千	百	十	万	千	百	十	元	角	分
合计																								

附单据 张

财务主管　　记账　　审核　　制单

任务四　记账凭证的填制

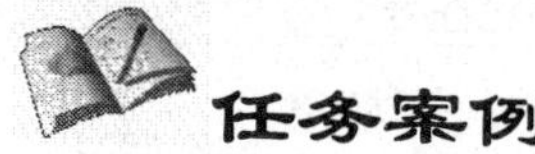

任务案例

案例 3-4　鸿儒木器有限责任公司 2009 年度 12 月份发生以下经济业务，要求根据审核无误的原始凭证（原始凭证略），填制记账凭证的各项内容。

1．1 日，提取现金 1 000 元，以备零星开支，附件 1 张。

2．10 日，用银行存款支付当月电话费 1 200 元，附件 2 张。

3．19 日，收到业务员张责出差余款 200 元。附件 1 张。

4．30 日，结转已售商品成本 20 000 元，附件 1 张。

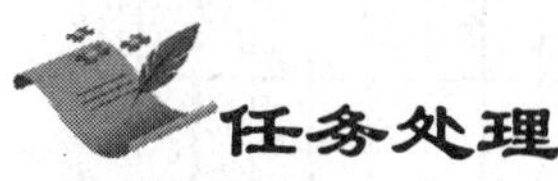

任务处理

根据通用记账凭证各项内容的填制要求，填制案例 3-4 中各项经济业务的记账凭证，填制完毕后，按要求整理会计凭证。

记账凭证　3-16

记 账 凭 证

年　　月　　日　　　　　　　　凭证号________

摘　要	总账科目	明细科目	√	借方金额										√	贷方金额									
				千	百	十	万	千	百	十	元	角	分		千	百	十	万	千	百	十	元	角	分
合　计																								

附单据　　张

财务主管　　　　记账　　　　审核　　　　出纳　　　　制单

记账凭证 3-17

记 账 凭 证

年 月 日 凭证号________

摘 要	总账科目	明细科目	√	借方金额										√	贷方金额									
				千	百	十	万	千	百	十	元	角	分		千	百	十	万	千	百	十	元	角	分
合 计																								

附单据 张

财务主管 记账 审核 出纳 制单

记账凭证 3-18

记 账 凭 证

年 月 日 凭证号________

摘 要	总账科目	明细科目	√	借方金额										√	贷方金额									
				千	百	十	万	千	百	十	元	角	分		千	百	十	万	千	百	十	元	角	分
合 计																								

附单据 张

财务主管 记账 审核 出纳 制单

记账凭证　3-19

记 账 凭 证

年　　月　　日　　　　　　　　凭证号________

摘　要	总账科目	明细科目	√	借方金额										√	贷方金额								
				千	百	十	万	千	百	十	元	角	分		千	百	十	万	千	百	十	元	角	分
合　计																								

附单据　张

财务主管　　　记账　　　审核　　　出纳　　　制单

任务五　记账凭证的审核

任务案例

案例 3-5　鸿儒木器有限责任公司 2009 年度 12 月份发生以下经济业务，已根据审核无误的原始凭证填制了相关的记账凭证，根据记账凭证各个项目的填制要求，审核记账凭证是否正确，并对错误的记账凭证进行更正。

1. 1 日，提取现金 1 000 元，以备零星开支，附件 1 张，已填制的记账凭证如记账凭证 3-20 所示。

2. 2 日，正泰公司偿还上月货款 585 000 元，已存入银行，附件 2 张，已填制的记账凭证如记账凭证 3-21 所示。

3. 3 日，销售商品 20 000 元，销项税 3 400 元，货款尚未收到，附件 3 张，已填制的记账凭证如记账凭证 3-22 所示。

4. 9 日，张兰预借差旅费 1 200 元，签发支票一张，附件 2 张，已填制的记账凭证如记账凭证 3-23 所示。

5. 10 日，用银行存款支付当月电话费 1 200 元，附件 2 张，已填制的记账凭证如记账凭证 3-24 所示。

6. 10 日，用银行存款偿还 A 公司欠款 11 200 元，附件 2 张，已填制的记账凭证如记账凭证 3-25 所示。

7．25 日，收到 B 公司偿还货款 858 000 元，存入银行，附件 2 张，已填制的记账凭证如记账凭证 3-26 所示。

8．31 日，计提坏账准备 2 000 元，附件 1 张，已填制的记账凭证如记账凭证 3-27 所示。

各业务所附原始凭证如下：

记账凭证 3-20

收 款 凭 证

借方科目 现金　　2009 年 12 月 1 日　　现收字第 0001 号

摘　要	贷方总账科目	明细科目	贷方金额 千	百	十	万	千	百	十	元	角	分	记账符号
提取现金以备零星开支	银行存款						1	0	0	0	0	0	
合　计						¥	1	0	0	0	0	0	

附单据 1 张

财务主管　　记账　　出纳 田野　　审核　　制单 刘钱

记账凭证 3-21

收 款 凭 证

借方科目 银行存款　　2009 年 12 月 2 日　　银收字第 0001 号

摘　要	贷方总账科目	明细科目	贷方金额 千	百	十	万	千	百	十	元	角	分	记账符号
收到前欠款项	应收账款	正泰公司				8	5	8	0	0	0	0	
合　计					¥	8	5	8	0	0	0	0	

附单据 2 张

财务主管　　记账　　出纳 田野　　审核　　制单 刘钱

记账凭证 3-22

转账凭证

2009年12月3日　　　　转字第 0001 号

摘要	总账科目	明细科目	√	借方金额										√	贷方金额									
				千	百	十	万	千	百	十	元	角	分		千	百	十	万	千	百	十	元	角	分
销售商品	应收账款						2	3	4	0	0	0	0											
款项未收	主营业务收入																	2	0	0	0	0	0	0
	应交税费	应交增值税（销项税额）																	3	4	0	0	0	0
合计																								

附单据3张

财务主管　　记账　　审核　　制单 李计

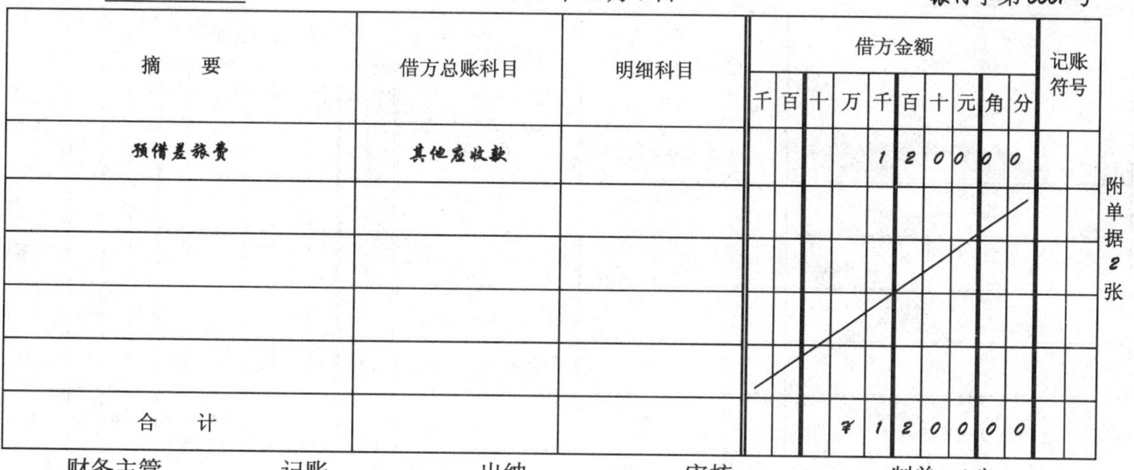

记账凭证 3-23

贷方科目 银行存款

付款凭证

2009年12月9日　　　　银付字第 0001 号

摘要	借方总账科目	明细科目	借方金额										记账符号
			千	百	十	万	千	百	十	元	角	分	
预借差旅费	其他应收款						1	2	0	0	0	0	
合计						¥	1	2	0	0	0	0	

附单据2张

财务主管　　记账　　出纳　　审核　　制单 刘钱

记账凭证 3-24

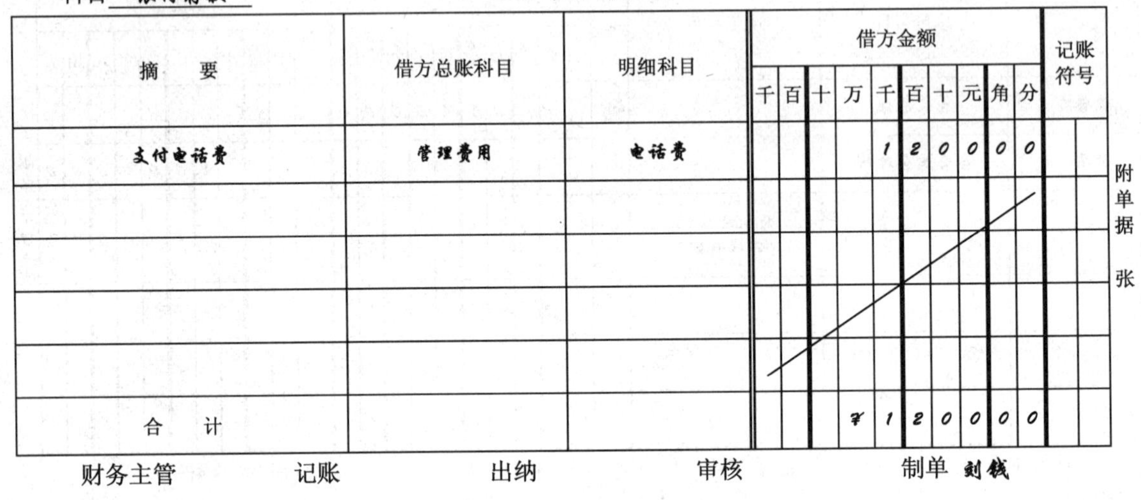

付款凭证

贷方科目 银行存款　　　　2009年12月10日　　　　银付字第0002号

摘要	借方总账科目	明细科目	借方金额 千	百	十	万	千	百	十	元	角	分	记账符号
支付电话费	管理费用	电话费					1	2	0	0	0	0	
合计						¥	1	2	0	0	0	0	

附单据　张

财务主管　　记账　　出纳　　审核　　制单 刘钱

记账凭证 3-25

付款凭证

贷方科目 银行存款　　　　2009年12月10日　　　　银付字第0003号

摘要	借方总账科目	明细科目	借方金额 千	百	十	万	千	百	十	元	角	分	记账符号
偿还前欠货款	应付账款	A公司				1	1	2	0	0	0	0	
合计						1	1	2	0	0	0	0	

附单据 2 张

财务主管　　记账　　出纳　　审核　　制单 刘钱

记账凭证　**3-26**

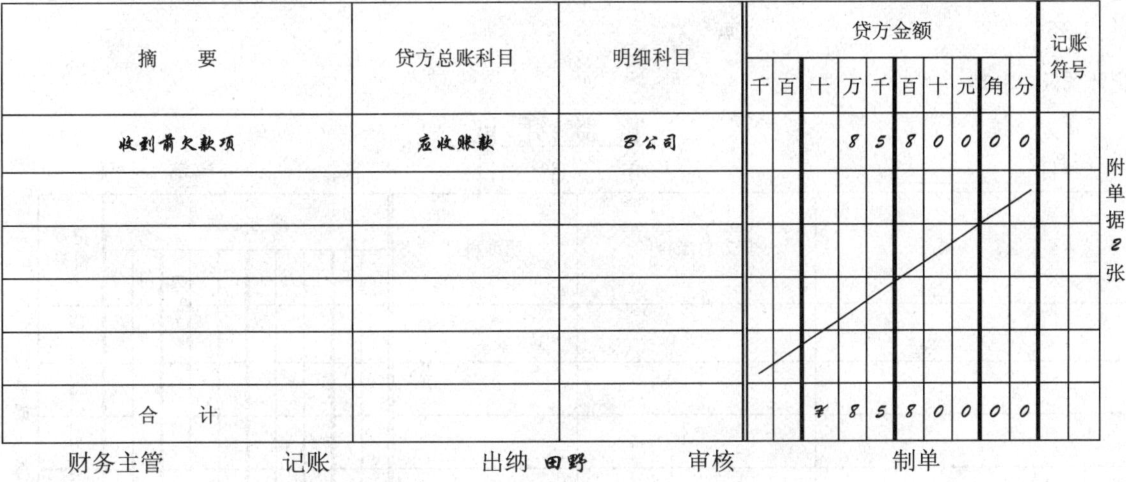

借方
科目 银行存款

收款凭证

2009年12月25日　　　　银收字第0002号

摘　要	贷方总账科目	明细科目	贷方金额 千	百	十	万	千	百	十	元	角	分	记账符号
收到前欠款项	应收账款	B公司				8	5	8	0	0	0	0	
合　计					¥	8	5	8	0	0	0	0	

附单据 2 张

财务主管　　记账　　出纳 田野　　审核　　制单

记账凭证　**3-27**

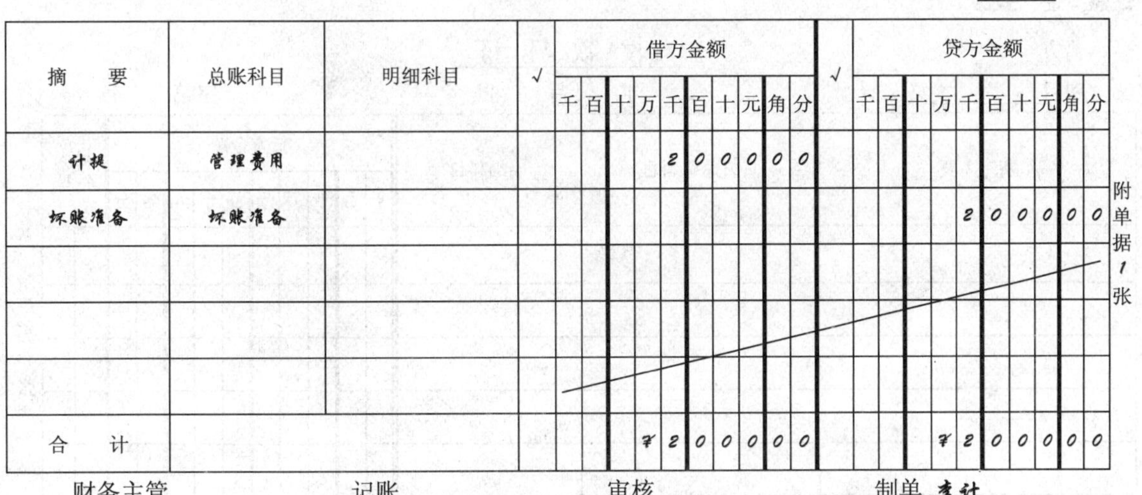

转账凭证

2009年12月31日　　　　转字第 0002

摘　要	总账科目	明细科目	√	借方金额 千	百	十	万	千	百	十	元	角	分	√	贷方金额 千	百	十	万	千	百	十	元	角	分
计提	管理费用							2	0	0	0	0	0											
坏账准备	坏账准备																		2	0	0	0	0	0
合　计							¥	2	0	0	0	0	0					¥	2	0	0	0	0	0

附单据 1 张

财务主管　　记账　　审核　　制单 李计

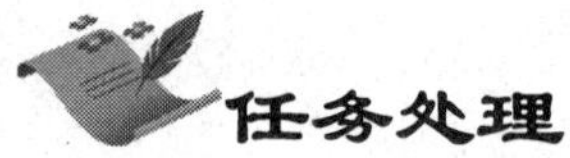

任务处理

根据记账凭证各项内容的填制要求，审核案例 3-4 中各记账凭证填制是否正确，错误部分在原凭证中划出，并填制正确的记账凭证，所需记账凭证见记账凭证 3-28 至记账凭证 3-35。

记账凭证　3-28

借方　　　　　　　　　**收 款 凭 证**

科目__________　　　　年　　月　　日　　　　　　字第　　号

摘　要	贷方总账科目	明细科目	贷方金额										记账符号
			千	百	十	万	千	百	十	元	角	分	
合　计													

附单据　张

财务主管　　　记账　　　出纳　　　审核　　　制单

记账凭证　3-29

借方　　　　　　　　　**收 款 凭 证**

科目__________　　　　年　　月　　日　　　　　　字第　　号

摘　要	贷方总账科目	明细科目	贷方金额										记账符号
			千	百	十	万	千	百	十	元	角	分	
合　计													

附单据　张

财务主管　　　记账　　　出纳　　　审核　　　制单

记账凭证　**3-30**

转 账 凭 证

年　　月　　日　　　　　　　　字第　　号

摘　要	总账科目	明细科目	√	借方金额										√	贷方金额									
				千	百	十	万	千	百	十	元	角	分		千	百	十	万	千	百	十	元	角	分
合　计																								

附单据　张

财务主管　　　　记账　　　　审核　　　　制单

记账凭证　**3-31**

贷方
科目___________

付 款 凭 证

年　　月　　日　　　　　　　　字第　　号

摘　要	借方总账科目	明细科目	借方金额										记账符号
			千	百	十	万	千	百	十	元	角	分	
合　计													

附单据　张

财务主管　　记账　　出纳　　审核　　制单

记账凭证　3-32

贷方

科目＿＿＿＿＿＿

付 款 凭 证

年　月　日　　　　字第　号

摘　要	借方总账科目	明细科目	借方金额										记账符号
			千	百	十	万	千	百	十	元	角	分	
合　计													

附单据　张

财务主管　　记账　　出纳　　审核　　制单

记账凭证　3-33

贷方

科目＿＿＿＿＿＿

付 款 凭 证

年　月　日　　　　字第　号

摘　要	借方总账科目	明细科目	借方金额										记账符号
			千	百	十	万	千	百	十	元	角	分	
合　计													

附单据　张

财务主管　　记账　　出纳　　审核　　制单

记账凭证　3-34

收款凭证

借方
科目____________　　　　年　　月　　日　　　　　字第　　号

摘　要	贷方总账科目	明细科目	贷方金额										记账符号
			千	百	十	万	千	百	十	元	角	分	
合　计													

附单据　张

财务主管　　记账　　出纳　　审核　　制单

记账凭证　3-35

转账凭证

年　月　日　　　　　字第　　号

摘　要	总账科目	明细科目	√	借方金额										√	贷方金额									
				千	百	十	万	千	百	十	元	角	分		千	百	十	万	千	百	十	元	角	分
合　计																								

附单据　张

财务主管　　记账　　审核　　制单

学习情境四

账簿的设置与登记

学习目标

1. 能正确设置与登记明细分类账。
2. 能正确设置与登记日记账。
3. 能正确设置与登记总分类账。
4. 会根据企业的情况选择合适的账务处理程序。

任务一　明细账的设置与登记

任务案例

案例 4-1　鸿儒木器有限责任公司有关资料如下：

（一）应付账款期初余额（表 4-1）

表 4-1　应付账款余额表

2009 年 12 月 1 日

供应商名称	期初余额/元
上海厂	50 000
广州厂	40 000
天逸公司	125 000
宏达公司	10 000
鸿运有限公司	34 000
合　计	259 000

（二）应付账款当期业务

鸿儒木器有限责任公司 2009 年 12 月有关应付账款的相关业务，见记账凭证 4-1～记账凭证 4-5。

记账凭证　4-1

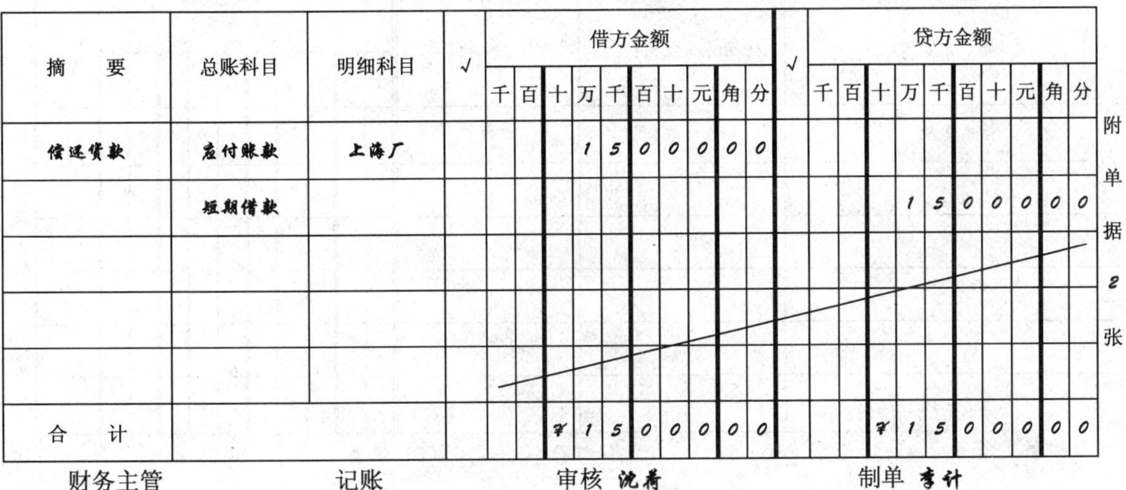

转 账 凭 证

2009年12月1日　　　　转字第0001号

摘　要	总账科目	明细科目	√	借方金额 千	百	十	万	千	百	十	元	角	分	√	贷方金额 千	百	十	万	千	百	十	元	角	分
偿还贷款	应付账款	上海厂					1	5	0	0	0	0	0											
	短期借款																	1	5	0	0	0	0	0
合　计						¥	1	5	0	0	0	0	0				¥	1	5	0	0	0	0	0

附单据2张

财务主管　　记账　　审核 沈蒋　　制单 李计

记账凭证　4-2

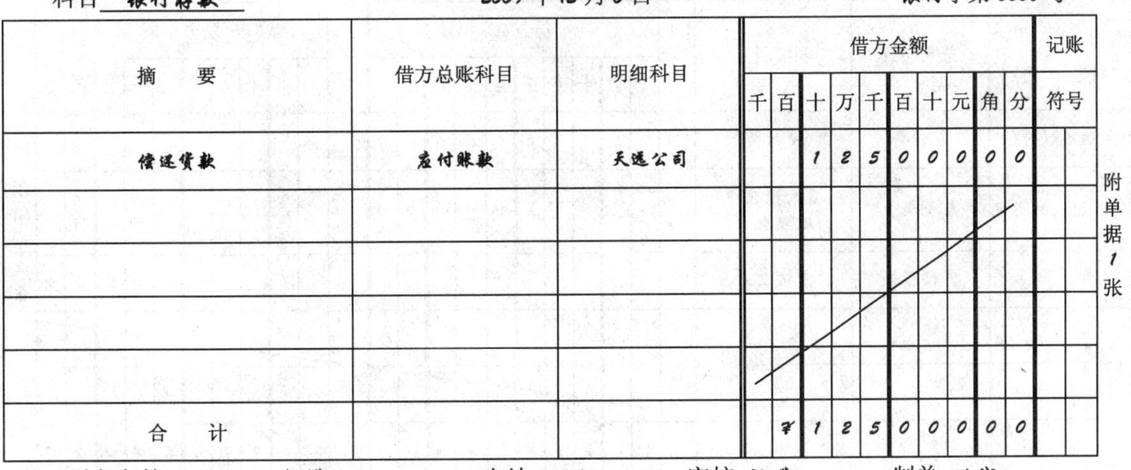

付 款 凭 证

贷方科目 银行存款　　2009年12月6日　　银付字第0006号

摘　要	借方总账科目	明细科目	借方金额 千	百	十	万	千	百	十	元	角	分	记账符号
偿还贷款	应付账款	天远公司			1	2	5	0	0	0	0	0	
合　计				¥	1	2	5	0	0	0	0	0	

附单据1张

财务主管　　记账　　出纳 田野　　审核 沈蒋　　制单 刘钱

记账凭证 4-3

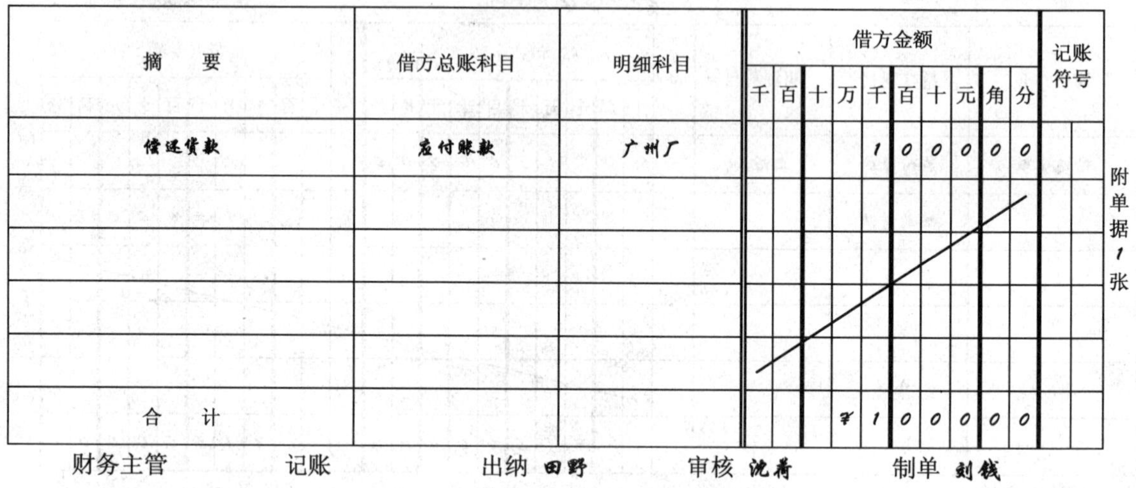

贷方科目 库存现金

付款凭证

2009年12月11日　　现付字第0008号

摘要	借方总账科目	明细科目	借方金额 千	百	十	万	千	百	十	元	角	分	记账符号
偿还货款	应付账款	广州厂					1	0	0	0	0	0	
合计						¥	1	0	0	0	0	0	

附单据1张

财务主管　　记账　　出纳 田野　　审核 沈荷　　制单 刘钱

记账凭证 4-4

转账凭证

2009年12月4日　　转字第0015号

摘要	总账科目	明细科目	√	借方金额 千	百	十	万	千	百	十	元	角	分	√	贷方金额 千	百	十	万	千	百	十	元	角	分
购入材料	原材料	A材料					1	2	0	0	0	0	0											
	应交税费	应交增值税（进项税额）						2	0	4	0	0	0											
	应付账款	宏达公司																1	4	0	4	0	0	0
合计						¥	1	4	0	4	0	0	0				¥	1	4	0	4	0	0	0

附单据2张

财务主管　　记账　　审核 沈荷　　制单 李计

记账凭证　4-5

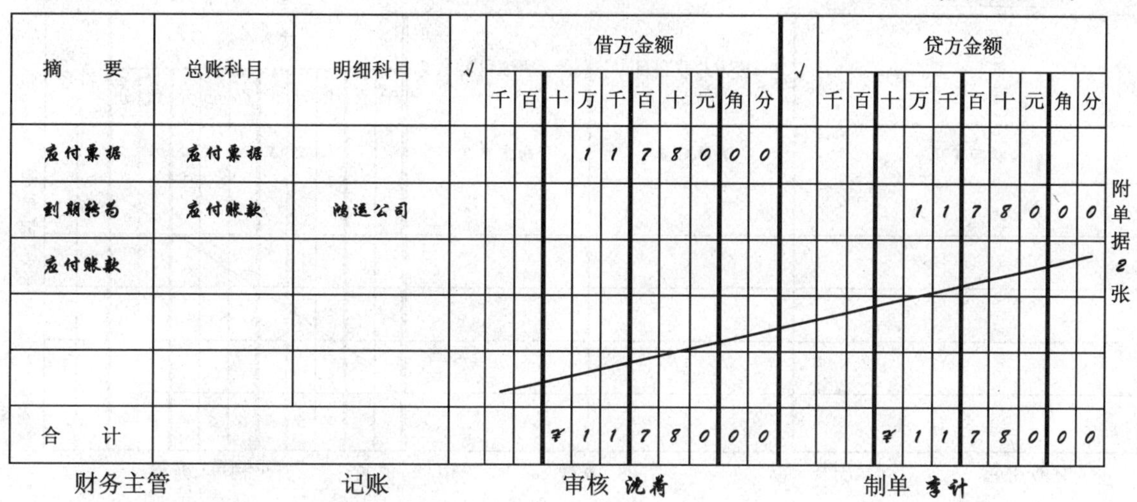

转 账 凭 证

2009年 12月20日　　　　转字第0028号

摘　要	总账科目	明细科目	√	借方金额										√	贷方金额									
				千	百	十	万	千	百	十	元	角	分		千	百	十	万	千	百	十	元	角	分
应付票据	应付票据						1	1	7	8	0	0	0											
到期转为	应付账款	鸿运公司																1	1	7	8	0	0	0
应付账款																								
合　计						¥	1	1	7	8	0	0	0				¥	1	1	7	8	0	0	0

附单据2张

财务主管　　记账　　审核 沈涛　　制单 李计

（三）应收账款期初余额（表4-2）

表4-2　应收账款余额表

2009年12月1日

客 户 名 称	期初余额/元
北京中原公司	33 000
上海绿茵厂	25 500
达业公司	50 000
北京公司	60 000
红利公司	123 000
合　计	291 500

（四）应收账款当期业务

鸿儒木器有限责任公司2009年12月有关应收账款的相关业务，见记账凭证4-6～记账凭证4-10。

记账凭证 4-6

收款凭证

借方科目 银行存款　　2009年12月3日　　银收字第0002号

摘要	贷方总账科目	明细科目	贷方金额 千	百	十	万	千	百	十	元	角	分	记账符号
收回货款	应收账款	北京中原				3	3	0	0	0	0	0	
合计					¥	3	3	0	0	0	0	0	

附单据1张

财务主管　　记账　　出纳 田野　　审核 沈菁　　制单 刘钱

记账凭证 4-7

收款凭证

借方科目 银行存款　　2009年12月11日　　银收字第0008号

摘要	贷方总账科目	明细科目	贷方金额 千	百	十	万	千	百	十	元	角	分	记账符号
收回货款	应收账款	达业公司				2	2	0	0	0	0	0	
合计					¥	2	2	0	0	0	0	0	

附单据1张

财务主管　　记账　　出纳 田野　　审核 沈菁　　制单 刘钱

记账凭证　**4-8**

转账凭证

2009年 12月18日　　转字第0022号

摘要	总账科目	明细科目	√	借方金额										√	贷方金额									
				千	百	十	万	千	百	十	元	角	分		千	百	十	万	千	百	十	元	角	分
销售商品	应收账款	红利公司				1	2	8	7	0	0	0	0											
款项未收	主营业务收入	甲产品															1	1	0	0	0	0	0	0
	应交税费	应交增值税（销项税额）																1	8	7	0	0	0	0
合　计					￥	1	2	8	7	0	0	0	0			￥	1	2	8	7	0	0	0	0

附单据2张

财务主管　　记账　　审核 沈青　　制单 李计

记账凭证　**4-9**

借方

收款凭证

科目 银行存款　　2009年12月27日　　银收字第0016号

摘要	贷方总账科目	明细科目	贷方金额										记账符号
			千	百	十	万	千	百	十	元	角	分	
收回货款	应收账款	红利公司			1	2	3	0	0	0	0	0	
合　计				￥	1	2	3	0	0	0	0	0	

附单据1张

财务主管　　记账　　出纳 田野　　审核 沈青　　制单 刘钱

记账凭证 4-10

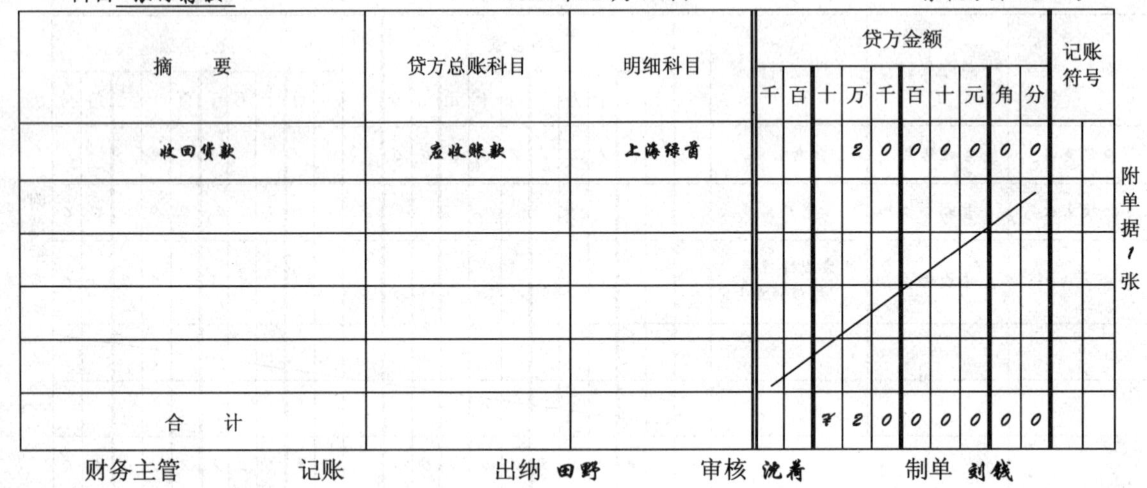

借方　　　　　　　　　　　　收款凭证

科目 银行存款　　　　　　　2009年12月28日　　　　　　银收字第0018号

摘要	贷方总账科目	明细科目	千	百	十	万	千	百	十	元	角	分	记账符号
收回货款	应收账款	上海绿普				2	0	0	0	0	0	0	
合计					¥	2	0	0	0	0	0	0	

附单据 1 张

财务主管　　记账　　出纳 田野　　审核 沈肖　　制单 刘钱

（五）原材料期初余额（表 4-3）

表 4-3 原材料余额表

2009年12月1日

原材料名称	期初数量/公斤	单价/（元/公斤）	期初余额/元
A材料	100	50	5 000
B材料	150	60	9 000
C材料	300	80	24 000
合计			38 000

（六）原材料当期业务

鸿儒木器有限责任公司 2009 年 12 月有关原材料的相关业务，见记账凭证 4-11 至记账凭证 4-12。

记账凭证　**4-11**

付款凭证

贷方
科目　银行存款　　　　2009年12月1日　　　　银付字第0002号

摘　要	借方总账科目	明细科目	借方金额										记账符号
			千	百	十	万	千	百	十	元	角	分	
购入材料	原材料	A材料				1	1	0	0	0	0	0	
		C材料					7	5	0	0	0	0	
	应交税费	应交增值税（进项税额）					3	1	4	5	0	0	
合　计					¥	2	1	6	4	5	0	0	

附单据1张

财务主管　　记账　　出纳 田野　　审核 沈莉　　制单 刘钱

记账凭证　**4-12**

转账凭证

2009年12月25日　　　　转字第0030号

摘　要	总账科目	明细科目	√	借方金额										√	贷方金额									
				千	百	十	万	千	百	十	元	角	分		千	百	十	万	千	百	十	元	角	分
领用材料	生产成本	甲产品					3	0	6	0	0	0	0											
	管理部门							3	9	0	0	0	0											
	销售部门							4	6	8	0	0	0											
	原材料	A材料																	7	8	0	0	0	0
		B材料																	7	2	0	0	0	0
		C材料																2	4	1	8	0	0	0
合　计						¥	3	9	1	8	0	0	0				¥	3	9	1	8	0	0	0

附单据1张

财务主管　　记账　　审核 沈莉　　制单 李计

任务处理

一、建账

根据各明细账的期初情况，为各明细账建账。

1．应付账款明细账，建账所需账页如账 4-1～账 4-5 所示。

账 4-1

户名________　　备注________

年		记账凭证		摘要	页数	借方											√	贷方											√	借或贷	余额											√
月	日	字	号			亿	千	百	十	万	千	百	十	元	角	分		亿	千	百	十	万	千	百	十	元	角	分			亿	千	百	十	万	千	百	十	元	角	分	

账 4-2

户名________　　备注________

年		记账凭证		摘要	页数	借方											√	贷方											√	借或贷	余额											√
月	日	字	号			亿	千	百	十	万	千	百	十	元	角	分		亿	千	百	十	万	千	百	十	元	角	分			亿	千	百	十	万	千	百	十	元	角	分	

账 4-3

户名________　　备注________

年		记账凭证		摘要	页数	借方											√	贷方											√	借或贷	余额											√
月	日	字	号			亿	千	百	十	万	千	百	十	元	角	分		亿	千	百	十	万	千	百	十	元	角	分			亿	千	百	十	万	千	百	十	元	角	分	

账 4-4

户名________　　备注________

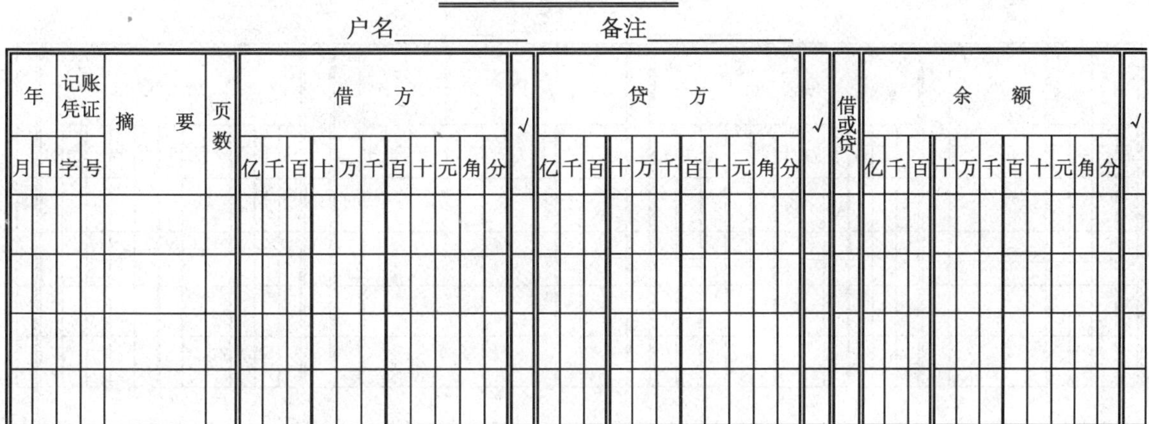

年		记账凭证		摘要	页数	借方											√	贷方											√	借或贷	余额											√
月	日	字	号			亿	千	百	十	万	千	百	十	元	角	分		亿	千	百	十	万	千	百	十	元	角	分			亿	千	百	十	万	千	百	十	元	角	分	

账 4-5

户名________　　备注________

年		记账凭证		摘要	页数	借方											√	贷方											√	借或贷	余额											√
月	日	字	号			亿	千	百	十	万	千	百	十	元	角	分		亿	千	百	十	万	千	百	十	元	角	分			亿	千	百	十	万	千	百	十	元	角	分	

2．应收账款明细账，建账所需账页如账 4-6～账 4-10 所示。

账 4-6

户名________ 备注________

年		记账凭证		摘要	页数	借方											√	贷方											√	借或贷	余额											√
月	日	字	号			亿	千	百	十	万	千	百	十	元	角	分		亿	千	百	十	万	千	百	十	元	角	分			亿	千	百	十	万	千	百	十	元	角	分	

账 4-7

户名________ 备注________

年		记账凭证		摘要	页数	借方											√	贷方											√	借或贷	余额											√
月	日	字	号			亿	千	百	十	万	千	百	十	元	角	分		亿	千	百	十	万	千	百	十	元	角	分			亿	千	百	十	万	千	百	十	元	角	分	

账 4-8

户名________ 备注________

年		记账凭证		摘要	页数	借方											√	贷方											√	借或贷	余额											√
月	日	字	号			亿	千	百	十	万	千	百	十	元	角	分		亿	千	百	十	万	千	百	十	元	角	分			亿	千	百	十	万	千	百	十	元	角	分	

账 4-9

户名________ 备注

年		记账凭证		摘要	页数	借方											√	贷方											√	借或贷	余额											√
月	日	字	号			亿	千	百	十	万	千	百	十	元	角	分		亿	千	百	十	万	千	百	十	元	角	分			亿	千	百	十	万	千	百	十	元	角	分	

账 4-10

户名________ 备注

年		记账凭证		摘要	页数	借方											√	贷方											√	借或贷	余额											√
月	日	字	号			亿	千	百	十	万	千	百	十	元	角	分		亿	千	百	十	万	千	百	十	元	角	分			亿	千	百	十	万	千	百	十	元	角	分	

3．原材料明细账，建账所需账页如账 4-11～账 4-13 所示。

账 4-11

货号________ 品名________ 计数单位________ 备注________

年		记账凭证		摘要	借方													贷方													结存												
					数量	单价	金额											数量	单价	金额											数量	单价	金额										
月	日	字	号				亿	千	百	十	万	千	百	十	元	角	分			亿	千	百	十	万	千	百	十	元	角	分			亿	千	百	十	万	千	百	十	元	角	分

账 4-12

货号＿＿＿＿＿＿品名＿＿＿＿＿＿计数单位＿＿＿＿＿＿＿＿备注＿＿＿＿＿＿＿＿

年		记账凭证		摘要	借方													贷方													结存												
					数量	单价	金额											数量	单价	金额											数量	单价	金额										
月	日	字	号				亿	千	百	十	万	千	百	十	元	角	分			亿	千	百	十	万	千	百	十	元	角	分			亿	千	百	十	万	千	百	十	元	角	分

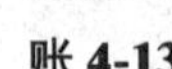

账 4-13

货号＿＿＿＿＿＿品名＿＿＿＿＿＿计数单位＿＿＿＿＿＿＿＿备注＿＿＿＿＿＿＿＿

年		记账凭证		摘要	借方													贷方													结存												
					数量	单价	金额											数量	单价	金额											数量	单价	金额										
月	日	字	号				亿	千	百	十	万	千	百	十	元	角	分			亿	千	百	十	万	千	百	十	元	角	分			亿	千	百	十	万	千	百	十	元	角	分

二、登记明细账

根据经济业务内容，填制会计凭证并将所填凭证交由审核人员进行审核，根据审核无误的会计凭证登记各明细账，账页见账 4-1～账 4-13。

任务二　日记账的设置与登记

任务案例

案例 4-2　鸿儒木器有限责任公司相关资料如下：

（一）库存现金期初余额及当期业务

1．2009 年 12 月 1 日现金日记账余额为 500 元。

2．2009 年 12 月份发生了以下有关现金收支业务（记账凭证略）：

（1）3 日，签发现金支票，从银行提取现金 1 000 元备用，银付字 1 号。

（2）3 日，管理人员李山参加业务讨论会，预借差旅费 800 元，现付字 1 号。

（3）8 日，收到押金 200 元，现收字 1 号。

（4）8 日，李山交回差旅费余额 250 元，报销 750 元，现收字 2 号。

（5）15 日，公司售出废旧报纸、杂志，收到现金 200 元，现收字 3 号。

（6）15 日，支付办公用品费用 850 元，现付字 2 号。

（7）25 日，从银行提取现金 600 元，银付字 2 号。

（8）26 日，销售人员王元预借差旅费 900 元，现付字 3 号。

（9）30 日，收到租金 500 元，现收字 4 号。

（10）30 日，收到废料销售收入 800 元，现收字 5 号。

（二）银行存款期初余额及当期业务

1．2009 年 12 月 1 日银行存款日记账余额为 80 000 元。

2．2009 年 12 月份发生了以下有关银行存款业务（记账凭证略）：

（1）3 日，报销管理人员的差旅费 1 000 元，签发现金支票一张，银付字 1 号。

（2）3 日，把现金 5 000 元存入银行，现付字 1 号。

（3）8 日，从银行提取现金 23 000 元，备发工资，银付字 2 号。

（4）8 日，商业承兑汇票到期，收到票据款 50 000 元，银收字 1 号。

（5）15 日，采购 A 材料一批，货款 15 000 元，进项税 2 550 元，款项已通过银行转账支付，银付字 3 号。

（6）15 日，采购 B 材料一批，货款是 20 000 元，进项税 3 400 元，签发转账支票一张支付款项，银付字 4 号。

（7）25 日，以银行存款支付水电费 1 500 元，银付字 5 号。

（8）26 日，销售甲产品一批，货款为 30 000 元，销项税 5 100 元，款项已收到并存入银行，银收字 2 号。

（9）30 日，南方公司存入投资款 100 000 元，银收字 3 号。

（10）30 日，收到转账支票一张，系 A 公司偿还货款 1 020 元，银收字 4 号。

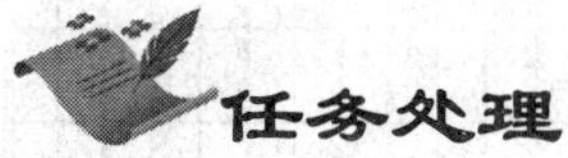

任务处理

一、建账

根据现金与银行存款日记账的期初情况，为企业建立日记账。现金日记账，建账所需账页如账 4-14 所示；银行存款日记账，建账所需账页如账 4-15 所示。

账 4-14

现金日记账

年		记账凭证		摘要	对方科目	借方											贷方											借或贷	余额										
月	日	字	号			亿	千	百	十	万	千	百	十	元	角	分	亿	千	百	十	万	千	百	十	元	角	分		亿	千	百	十	万	千	百	十	元	角	分

账 4-15

银行存款日记账

账号__________

年		记账凭证		摘要	对方科目	现金支票号码	转账支票号码	借方											贷方											借或贷	余额										
月	日	字	号					亿	千	百	十	万	千	百	十	元	角	分	亿	千	百	十	万	千	百	十	元	角	分		亿	千	百	十	万	千	百	十	元	角	分

二、登记日记账

根据经济业务内容，填制会计凭证并将所填凭证交由审核人员进行审核，根据审核无误的现金、银行存款收付款凭证登记现金日记账、银行存款日记账，账页见账4-14、账4-15。

任务三　总分类账的设置与登记

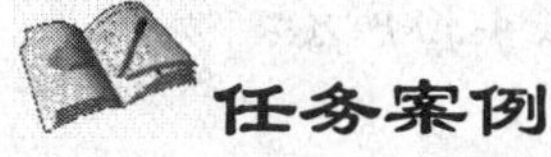

任务案例

案例4-3　鸿儒木器有限责任公司相关资料如下：

（一）期初余额（表4-4）

表4-4　科目余额表

2009年12月1日　　（单位：元）

会计科目	期初余额（借）	会计科目	期初余额（贷）
库存现金	5 000	实收资本	6 000 000
银行存款	2 000 000	资本公积	500 000
原材料	705 000	应付账款	100 000
固定资产	4 000 000	短期借款	100 000
累计折旧	5 000（贷）	应交税费	5 000
合　计	6 705 000	合　计	6 705 000

（二）2009年12月份经济业务（记账凭证略）

1．4日，从银行借款10 000元，直接归还所欠货款，转字1号。

2．5日，向宏达公司购入A材料5 000公斤，每公斤单价50元，进项税额42 500元，款项未支付，材料已入库，转字2号。（采用实际成本法核算）

3．10日，采购员刘平预借差旅费2 000元，以现金支付，现付字1号。

4．11日，用银行存款偿还宏达公司货款292 500元，银付字1号。

5．13日，采购员刘平报销差旅费2 500元，多余款项500元退回，现收字1号、转字3号。

6．25日，从银行提取现金270 000元，以备发放工资，银付字2号。

7．28日，分配本月职工工资，其中生产工人工资180 000元，车间管理人员工资30 000元，厂部管理人员工资60 000元，转字4号。

8．30日，发放职工工资，现付字2号。

9．31日，经批准，将资本公积500 000元，转为实收资本，转字5号。

10．31日，按照规定计提本月固定资产折旧50 000元，其中生产车间固定资产折旧40 000

元，厂部固定资产折旧 10 000 元，转字 6 号。

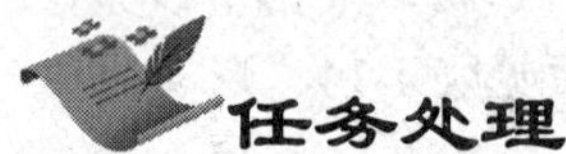

任务处理

一、按记账凭证账务处理程序登记总账

（一）建账

根据科目余额表，为企业建立总账。建账所需账页，如账 4-16～账 4-30 所示。

账 4-16

总 分 类 账

科目名称__________

年		记账凭证		摘要	借方											贷方											借或贷	余额										
月	日	字	号		亿	千	百	十	万	千	百	十	元	角	分	亿	千	百	十	万	千	百	十	元	角	分		亿	千	百	十	万	千	百	十	元	角	分

账 4-17

总 分 类 账

科目名称__________

年		记账凭证		摘要	借方											贷方											借或贷	余额										
月	日	字	号		亿	千	百	十	万	千	百	十	元	角	分	亿	千	百	十	万	千	百	十	元	角	分		亿	千	百	十	万	千	百	十	元	角	分

账 4-18

总分类账

科目名称＿＿＿＿＿＿

年		记账凭证		摘要	借方											贷方											借或贷	余额										
月	日	字	号		亿	千	百	十	万	千	百	十	元	角	分	亿	千	百	十	万	千	百	十	元	角	分		亿	千	百	十	万	千	百	十	元	角	分

账 4-19

总分类账

科目名称＿＿＿＿＿＿

年		记账凭证		摘要	借方											贷方											借或贷	余额										
月	日	字	号		亿	千	百	十	万	千	百	十	元	角	分	亿	千	百	十	万	千	百	十	元	角	分		亿	千	百	十	万	千	百	十	元	角	分

账 4-20

总分类账

科目名称__________

年		记账凭证		摘要	借方											贷方											借或贷	余额										
月	日	字	号		亿	千	百	十	万	千	百	十	元	角	分	亿	千	百	十	万	千	百	十	元	角	分		亿	千	百	十	万	千	百	十	元	角	分

账 4-21

总分类账

科目名称__________

年		记账凭证		摘要	借方											贷方											借或贷	余额										
月	日	字	号		亿	千	百	十	万	千	百	十	元	角	分	亿	千	百	十	万	千	百	十	元	角	分		亿	千	百	十	万	千	百	十	元	角	分

账 4-22

总分类账

科目名称__________

年		记账凭证		摘要	借方											贷方											借或贷	余额										
月	日	字	号		亿	千	百	十	万	千	百	十	元	角	分	亿	千	百	十	万	千	百	十	元	角	分		亿	千	百	十	万	千	百	十	元	角	分

账 4-23

总分类账

科目名称__________

年		记账凭证		摘要	借方											贷方											借或贷	余额										
月	日	字	号		亿	千	百	十	万	千	百	十	元	角	分	亿	千	百	十	万	千	百	十	元	角	分		亿	千	百	十	万	千	百	十	元	角	分

账 4-24

总 分 类 账

科目名称__________

年		记账凭证		摘要	借方											贷方											借或贷	余额										
月	日	字	号		亿	千	百	十	万	千	百	十	元	角	分	亿	千	百	十	万	千	百	十	元	角	分		亿	千	百	十	万	千	百	十	元	角	分

账 4-25

总 分 类 账

科目名称__________

		记账凭证		摘要	借方											贷方											借或贷	余额										
月	日	字	号		亿	千	百	十	万	千	百	十	元	角	分	亿	千	百	十	万	千	百	十	元	角	分		亿	千	百	十	万	千	百	十	元	角	分

账 4-26

总 分 类 账

科目名称__________

年		记账凭证		摘要	借方											贷方											借或贷	余额										
月	日	字	号		亿	千	百	十	万	千	百	十	元	角	分	亿	千	百	十	万	千	百	十	元	角	分		亿	千	百	十	万	千	百	十	元	角	分

账 4-27

总 分 类 账

科目名称__________

年		记账凭证		摘要	借方											贷方											借或贷	余额										
月	日	字	号		亿	千	百	十	万	千	百	十	元	角	分	亿	千	百	十	万	千	百	十	元	角	分		亿	千	百	十	万	千	百	十	元	角	分

账 4-28

总 分 类 账

科目名称__________

年		记账凭证		摘要	借方											贷方											借或贷	余额										
月	日	字	号		亿	千	百	十	万	千	百	十	元	角	分	亿	千	百	十	万	千	百	十	元	角	分		亿	千	百	十	万	千	百	十	元	角	分

账 4-29

总 分 类 账

科目名称__________

年		记账凭证		摘要	借方											贷方											借或贷	余额										
月	日	字	号		亿	千	百	十	万	千	百	十	元	角	分	亿	千	百	十	万	千	百	十	元	角	分		亿	千	百	十	万	千	百	十	元	角	分

账 4-30

总 分 类 账

科目名称__________

年		记账凭证		摘要	借方											贷方											借或贷	余额										
月	日	字	号		亿	千	百	十	万	千	百	十	元	角	分	亿	千	百	十	万	千	百	十	元	角	分		亿	千	百	十	万	千	百	十	元	角	分

（二）登记总账

根据经济业务内容填制会计凭证，并将所填凭证交由审核人员进行审核，根据审核无误的会计凭证登记总账，账页见账 4-16～账 4-30。

二、按科目汇总表账务处理程序登记总账

（一）建账

根据科目余额表，为企业建立总账，建账所需账页，如账 4-31～账 4 -45 所示。

账 4-31

总 分 类 账

科目名称__________

年		记账凭证		摘要	借方											贷方											借或贷	余额										
月	日	字	号		亿	千	百	十	万	千	百	十	元	角	分	亿	千	百	十	万	千	百	十	元	角	分		亿	千	百	十	万	千	百	十	元	角	分

账 4-32

总 分 类 账

科目名称____________

年		记账凭证		摘要	借方											贷方											借或贷	余额										
月	日	字	号		亿	千	百	十	万	千	百	十	元	角	分	亿	千	百	十	万	千	百	十	元	角	分		亿	千	百	十	万	千	百	十	元	角	分

账 4-33

总 分 类 账

科目名称____________

年		记账凭证		摘要	借方											贷方											借或贷	余额										
月	日	字	号		亿	千	百	十	万	千	百	十	元	角	分	亿	千	百	十	万	千	百	十	元	角	分		亿	千	百	十	万	千	百	十	元	角	分

账 4-34

总分类账

科目名称__________

年		记账凭证		摘要	借方											贷方											借或贷	余额										
月	日	字	号		亿	千	百	十	万	千	百	十	元	角	分	亿	千	百	十	万	千	百	十	元	角	分		亿	千	百	十	万	千	百	十	元	角	分

账 4-35

总分类账

科目名称__________

年		记账凭证		摘要	借方											贷方											借或贷	余额										
月	日	字	号		亿	千	百	十	万	千	百	十	元	角	分	亿	千	百	十	万	千	百	十	元	角	分		亿	千	百	十	万	千	百	十	元	角	分

账 4-36

总 分 类 账

科目名称________

年		记账凭证		摘要	借方											贷方											借或贷	余额										
月	日	字	号		亿	千	百	十	万	千	百	十	元	角	分	亿	千	百	十	万	千	百	十	元	角	分		亿	千	百	十	万	千	百	十	元	角	分

账 4-37

总 分 类 账

科目名称________

年		记账凭证		摘要	借方											贷方											借或贷	余额										
月	日	字	号		亿	千	百	十	万	千	百	十	元	角	分	亿	千	百	十	万	千	百	十	元	角	分		亿	千	百	十	万	千	百	十	元	角	分

账 4-38

总 分 类 账

科目名称__________

年		记账凭证		摘要	借方											贷方											借或贷	余额										
月	日	字	号		亿	千	百	十	万	千	百	十	元	角	分	亿	千	百	十	万	千	百	十	元	角	分		亿	千	百	十	万	千	百	十	元	角	分

账 4-39

总 分 类 账

科目名称__________

年		记账凭证		摘要	借方											贷方											借或贷	余额										
月	日	字	号		亿	千	百	十	万	千	百	十	元	角	分	亿	千	百	十	万	千	百	十	元	角	分		亿	千	百	十	万	千	百	十	元	角	分

账 4-40

总分类账

科目名称________

年		记账凭证		摘要	借方											贷方											借或贷	余额										
月	日	字	号		亿	千	百	十	万	千	百	十	元	角	分	亿	千	百	十	万	千	百	十	元	角	分		亿	千	百	十	万	千	百	十	元	角	分

账 4-41

总分类账

科目名称________

年		记账凭证		摘要	借方											贷方											借或贷	余额										
月	日	字	号		亿	千	百	十	万	千	百	十	元	角	分	亿	千	百	十	万	千	百	十	元	角	分		亿	千	百	十	万	千	百	十	元	角	分

账 4-42

总分类账

科目名称＿＿＿＿＿＿

年		记账凭证		摘要	借方											贷方											借或贷	余额										
月	日	字	号		亿	千	百	十	万	千	百	十	元	角	分	亿	千	百	十	万	千	百	十	元	角	分		亿	千	百	十	万	千	百	十	元	角	分

账 4-43

总分类账

科目名称＿＿＿＿＿＿

年		记账凭证		摘要	借方											贷方											借或贷	余额										
月	日	字	号		亿	千	百	十	万	千	百	十	元	角	分	亿	千	百	十	万	千	百	十	元	角	分		亿	千	百	十	万	千	百	十	元	角	分

账 4-44

总分类账

科目名称＿＿＿＿＿＿

年		记账凭证		摘要	借方											贷方											借或贷	余额										
月	日	字	号		亿	千	百	十	万	千	百	十	元	角	分	亿	千	百	十	万	千	百	十	元	角	分		亿	千	百	十	万	千	百	十	元	角	分

账 4-45

总分类账

科目名称＿＿＿＿＿＿

年		记账凭证		摘要	借方											贷方											借或贷	余额										
月	日	字	号		亿	千	百	十	万	千	百	十	元	角	分	亿	千	百	十	万	千	百	十	元	角	分		亿	千	百	十	万	千	百	十	元	角	分

（二）编制科目汇总表

根据经济业务内容填制会计凭证，并将所填凭证交由审核人员进行审核，根据审核无误的会计凭证编制科目汇总表，如表 4-5 所示。

表 4-5　科目汇总表

年　月　日　　　　（单位：　）

科目名称	本期发生额	
	借　方	贷　方

（三）登记总账

根据科目汇总表登记总账，账页见账 4-31～账 4-45。

三、按汇总记账凭证账务处理程序登记总账

（一）建账

根据科目余额表，为企业建立总账，建账所需账页，如账 4-46～账 4-50 所示。

账 4-46

总分类账

科目名称__________

年		记账凭证		摘要	借方											贷方											借或贷	余额										
月	日	字	号		亿	千	百	十	万	千	百	十	元	角	分	亿	千	百	十	万	千	百	十	元	角	分		亿	千	百	十	万	千	百	十	元	角	分

账 4-47

总分类账

科目名称__________

年		记账凭证		摘要	借方											贷方											借或贷	余额										
月	日	字	号		亿	千	百	十	万	千	百	十	元	角	分	亿	千	百	十	万	千	百	十	元	角	分		亿	千	百	十	万	千	百	十	元	角	分

账 4-48

总 分 类 账

科目名称________

年		记账凭证		摘要	借方											贷方											借或贷	余额										
月	日	字	号		亿	千	百	十	万	千	百	十	元	角	分	亿	千	百	十	万	千	百	十	元	角	分		亿	千	百	十	万	千	百	十	元	角	分

账 4-49

总 分 类 账

科目名称________

年		记账凭证		摘要	借方											贷方											借或贷	余额										
月	日	字	号		亿	千	百	十	万	千	百	十	元	角	分	亿	千	百	十	万	千	百	十	元	角	分		亿	千	百	十	万	千	百	十	元	角	分

账 4-50

总分类账

科目名称______

年		记账凭证		摘要	借方											贷方											借或贷	余额										
月	日	字	号		亿	千	百	十	万	千	百	十	元	角	分	亿	千	百	十	万	千	百	十	元	角	分		亿	千	百	十	万	千	百	十	元	角	分

账 4-51

总分类账

科目名称______

年		记账凭证		摘要	借方											贷方											借或贷	余额										
月	日	字	号		亿	千	百	十	万	千	百	十	元	角	分	亿	千	百	十	万	千	百	十	元	角	分		亿	千	百	十	万	千	百	十	元	角	分

账 4-52

总 分 类 账

科目名称______

年		记账凭证		摘要	借方											贷方											借或贷	余额										
月	日	字	号		亿	千	百	十	万	千	百	十	元	角	分	亿	千	百	十	万	千	百	十	元	角	分		亿	千	百	十	万	千	百	十	元	角	分

账 4-53

总 分 类 账

科目名称______

年		记账凭证		摘要	借方											贷方											借或贷	余额										
月	日	字	号		亿	千	百	十	万	千	百	十	元	角	分	亿	千	百	十	万	千	百	十	元	角	分		亿	千	百	十	万	千	百	十	元	角	分

账 4-54

总 分 类 账

科目名称＿＿＿＿＿＿

年		记账凭证		摘要	借方											贷方											借或贷	余额										
月	日	字	号		亿	千	百	十	万	千	百	十	元	角	分	亿	千	百	十	万	千	百	十	元	角	分		亿	千	百	十	万	千	百	十	元	角	分

账 4-55

总 分 类 账

科目名称＿＿＿＿＿＿

年		记账凭证		摘要	借方											贷方											借或贷	余额										
月	日	字	号		亿	千	百	十	万	千	百	十	元	角	分	亿	千	百	十	万	千	百	十	元	角	分		亿	千	百	十	万	千	百	十	元	角	分

账 4-56

总分类账

科目名称＿＿＿＿＿

年		记账凭证		摘要	借方											贷方											借或贷	余额										
月	日	字	号		亿	千	百	十	万	千	百	十	元	角	分	亿	千	百	十	万	千	百	十	元	角	分		亿	千	百	十	万	千	百	十	元	角	分

账 4-57

总分类账

科目名称＿＿＿＿＿

年		记账凭证		摘要	借方											贷方											借或贷	余额										
月	日	字	号		亿	千	百	十	万	千	百	十	元	角	分	亿	千	百	十	万	千	百	十	元	角	分		亿	千	百	十	万	千	百	十	元	角	分

账 4-58

总分类账

科目名称________

年		记账凭证		摘要	借方											贷方											借或贷	余额										
月	日	字	号		亿	千	百	十	万	千	百	十	元	角	分	亿	千	百	十	万	千	百	十	元	角	分		亿	千	百	十	万	千	百	十	元	角	分

账 4-59

总分类账

科目名称________

年		记账凭证		摘要	借方											贷方											借或贷	余额										
月	日	字	号		亿	千	百	十	万	千	百	十	元	角	分	亿	千	百	十	万	千	百	十	元	角	分		亿	千	百	十	万	千	百	十	元	角	分

账 4-60

总 分 类 账

科目名称＿＿＿＿＿＿

年		记账凭证		摘　要	借　方											贷　方											借或贷	余　额										
月	日	字	号		亿	千	百	十	万	千	百	十	元	角	分	亿	千	百	十	万	千	百	十	元	角	分		亿	千	百	十	万	千	百	十	元	角	分

（二）编制汇总记账凭证

根据经济业务内容填制会计凭证，并将所填凭证交由审核人员进行审核，根据审核无误的会计凭证编制汇总记账凭证，所需会计凭证如汇总记账凭证 4-1～汇总记账凭证 4-9 所示。

汇总记账凭证　4-1

汇总收款凭证

借方科目：　　　　　　　　　　年　月　　　　　　　　　　汇收第　　号

贷方科目	金　额				总账页数	
	1-10 日	11-20 日	21-31 日	合计	借	贷
	第　号至第　号	第　号至第　号	第　号至第　号			
合　计						

汇总记账凭证　4-2

汇总付款凭证

贷方科目：　　　　　　　　　　年　月　　　　　　　　　　汇付第　　号

借方科目	金　额				总账页数	
	1-10 日	11-20 日	21-31 日	合计	借	贷
	第　号至第　号	第　号至第　号	第　号至第　号			
合　计						

汇总记账凭证 4-3

汇总付款凭证

贷方科目：　　　　　　　　　　年　月　　　　　　　　　　汇付第　　号

借方科目	金额				总账页数	
	1-10日	11-20日	21-31日	合计	借	贷
	第　号至第　号	第　号至第　号	第　号至第　号			
合　计						

汇总记账凭证 4-4

汇总转账凭证

贷方科目：　　　　　　　　　　年　月　　　　　　　　　　汇转第　　号

借方科目	金额				总账页数	
	1-10日	11-20日	21-31日	合计	借	贷
	第　号至第　号	第　号至第　号	第　号至第　号			
合　计						

汇总记账凭证 4-5

汇总转账凭证

贷方科目：　　　　　　　　　　年　月　　　　　　　　　　汇转第　　号

借方科目	金额				总账页数	
	1-10日	11-20日	21-31日	合计	借	贷
	第　号至第　号	第　号至第　号	第　号至第　号			
合　计						

汇总记账凭证 4-6

汇总转账凭证

贷方科目：　　　　　　　　　　年　月　　　　　　　　　　汇转第　　号

借方科目	金额				总账页数	
	1-10日	11-20日	21-31日	合计	借	贷
	第　号至第　号	第　号至第　号	第　号至第　号			
合　计						

汇总记账凭证　**4-7**

汇总转账凭证

贷方科目：　　　　　　　　　　　　年　月　　　　　　　　　　　汇转第　　号

借方科目	金额				总账页数	
	1-10日	11-20日	21-31日	合计	借	贷
	第　号至第　号	第　号至第　号	第　号至第　号			
合　计						

汇总记账凭证　**4-8**

汇总转账凭证

贷方科目：　　　　　　　　　　　　年　月　　　　　　　　　　　汇转第　　号

借方科目	金额				总账页数	
	1-10日	11-20日	21-31日	合计	借	贷
	第　号至第　号	第　号至第　号	第　号至第　号			
合　计						

汇总记账凭证　**4-9**

汇总转账凭证

贷方科目：　　　　　　　　　　　　年　月　　　　　　　　　　　汇转第　　号

借方科目	金额				总账页数	
	1-10日	11-20日	21-31日	合计	借	贷
	第　号至第　号	第　号至第　号	第　号至第　号			
合　计						

（三）登记总账

根据汇总记账凭证登记总账，账页见账4-46～账4-60。

学习情境五

期末业务处理

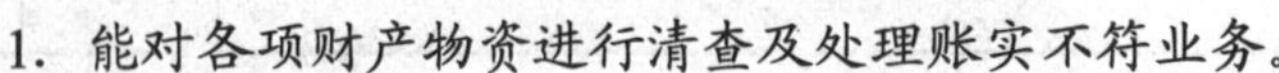

1. 能对各项财产物资进行清查及处理账实不符业务。
2. 能对各种错账进行更正。
3. 能进行期末结账。

任务一　财产清查业务处理

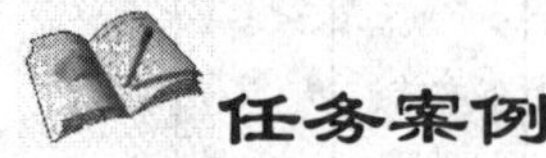

案例 5-1　鸿儒木器有限责任公司有关资料如下:

（一）现金清查资料

2009 年 12 月 31 日，现金日记账余额为 600 元，而当日库存现金盘点后发现实际金额为 662 元。经查多余的 62 元无法查明，经批准转入营业外收入。

（二）银行存款对账资料

1．2009 年 12 月 31 日，银行存款日记账余额为 846 100 元，银行对账单上的存款余额为 805 100 元。

2．2009 年 12 月银行存款日记账的相关资料，如表 5-1 所示。

表 5-1　银行存款日记账

2009年		凭证编号	对方科目	摘　要	勾对	借　方	贷　方	余　额
月	日							
12				承前页				699 190
	29	银付 20	管理费用	开出转支付招待费			1 200	697 990
	29	银收 16	应收票据	收到代收货款		100 000		797 990
	30	银付 21	销售费用	开出转支付广告费			890	797 100
	31	银收 17	主营业务收入	售产品收到转支		63 000		860 100
	31	银付 22	原材料	开出转支付货款			14 000	846 100
	31			本月合计		略	略	846 100

3．银行对账单的相关资料，如表 5-2 所示。

表 5-2　中国农业银行繁荣路支行对账单

户名：鸿儒木器有限责任公司　　　　2009 年 12 月

日　期	摘　要	凭　证　号	借方发生额	贷方发生额	借　或　贷	余　额
承上页					贷	699 190
1229	转贷	0135		100 000	贷	799 190
1230	转借	0036	27 000		贷	772 190
1231	转贷	0667		35 000	贷	807 190
1231	转借	2416	1 200		贷	805 990
1231	转借	2417	890		贷	805 100

（三）库存材料清查资料

2009 年 12 月 25 日，实存 A 材料 400 公斤，账存 500 公斤，盘亏 A 材料 100 公斤，单价 50 元/公斤，经查明由业务员失职所至，令其赔偿。

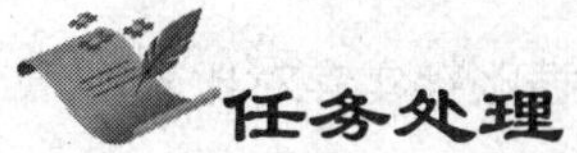

任务处理

一、进行财产清查

采用不同的方法对各项财产物资、债务债权进行清查。根据案例 5-1 中相关资料，对银行存款进行对账，找出未达账项，编制银行存款余额调节表，并进一步查出银行存款日记账是否存在问题，银行存款余额调节表如表 5-3 所示。

表 5-3　银行存款余额调节表

2009 年 12 月 31 日

项　目	金　额	项　目	金　额
企业银行存款日记账余额		银行对账单余额	
加：银行已收企业未收款		加：企业已收银行未收款	
减：银行已付企业未付款		减：企业已付银行未付款	
调整后余额		调整后余额	

二、记录财产清查结果

根据财产清查情况，将账实不符的情况如实进行记录。根据案例 5-1 中现金清查结果，填制库存现金盘点报告表，如表 5-4 所示；根据存货盘点情况，填制账存实存对比表，如表 5-5 所示。

表 5-4　库存现金盘点报告表

单位名称：　　　　　　年　月　日

实存现金	账存现金	实存与账存对比		备　注
		长款	短款	

盘点人签章：　　　　　　　　　　　　出纳员签章：

表 5-5 账存实存对比表

存货名称：　　　　　　　　　　2009 年 12 月 30 日

序号	计量单位	单价	实存		账存		实存与账存对比				备注
							盘盈		盘亏		
			数量	金额	数量	金额	数量	金额	数量	金额	
合计											

三、填制记账凭证

根据库存现金盘点报告填制记账凭证，如记账凭证 5-1 所示；根据账存实存对比表，填制记账凭证，如记账凭证 5-2 所示。

记账凭证 5-1

付 款 凭 证

贷方

科目＿＿＿＿＿　　　　年　月　日　　　　字第　　号

摘要	借方总账科目	明细科目	借方金额										记账符号
			千	百	十	万	千	百	十	元	角	分	
合计													

附单据　张

财务主管　　记账　　出纳　　审核　　制单

记账凭证　5-2

转账凭证

年　月　日　　　　字第　　号

摘要	总账科目	明细科目	√	借方金额										√	贷方金额									
				千	百	十	万	千	百	十	元	角	分		千	百	十	万	千	百	十	元	角	分
合计																								

附单据　张

财务主管　　记账　　审核　　制单

四、查明原因明确责任

在进行财产清查时，出现账实不符，相关责任部门需查找原因，明确责任，及时处理问题，并进行账务处理。

根据现金盘盈处理结果，填制记账凭证，如记账凭证 5-3 所示；根据存货盘亏的处理结果，填制记账凭证，如记账凭证 5-4 所示。

记账凭证　5-3

转账凭证

年　月　日　　　　字第　　号

摘要	总账科目	明细科目	√	借方金额										√	贷方金额									
				千	百	十	万	千	百	十	元	角	分		千	百	十	万	千	百	十	元	角	分
合计																								

附单据　张

财务主管　　记账　　审核　　制单

账凭证　5-4

转账凭证

年　月　日　　　　　　　　字第　　号

摘　　要	总账科目	明细科目	√	借方金额										√	贷方金额									
				千	百	十	万	千	百	十	元	角	分		千	百	十	万	千	百	十	元	角	分
合　　计																								

附单据　张

财务主管　　　　记账　　　　审核　　　　制单

任务二　错账的更正

案例 5-2　鸿儒木器有限责任公司有关资料如下：

1．原始凭证、记账凭证、账簿如原凭 5-1、记账凭证 5-5、账 5-1 所示，2009 年 12 月 10 日查出错账。资料中阴影部分表示查出的错误。

原凭 5-1

天津市增值税专用发票

发票联

No　20091201

开票日期：　　　　2009 年 12 月 6 日

购货单位				密码区			
名称：鸿儒木器有限责任公司 纳税人识别号：221117860653155 地址、电话：天津市繁荣路 1499 号 022-85541064 开户行及账号：农行繁荣路支行　301-3926499				密码区	47/-3 947/->59*<818<90 7>/0/433>2*3-0+672<7* 1+-<<51+41+>*>58*8 460 7 658 765<56+*31/58>>00		
应税劳务名称	规格型号	单位	数量	单价	金额	税率	税额
A 材料		公斤	300	48.00	14 400.00	17%	2 448.00
B 材料		公斤	400	58.00	23 200.00	17%	3 944.00
C 材料		公斤	300	78.00	23 400.00	17%	3 978.00
合　计			1 000		61 000.00		10 370.00
价税合计（大写）	柒万壹仟叁佰柒拾元整　（小写）¥71 370.00						
名称：天津耀光材料加工厂 纳税人识别号：598701638375556 地址、电话：天津市津塘公路 88 号　022-60268931 开户行及账号：工行天津分行津东分理处　02-998905674821					备注		

第二联：发票联　购货方记账凭证

纳税人：　　　复核：　　　开票人：李　红　　　销货单位：（章）

（印章：天津耀光材料加工厂 发票专用章）

记账凭证　5-5

转 账 凭 证

2009年　12 月 6 日　　　　转字第12号

摘　　要	总账科目	明细科目	√	借方金额										√	贷方金额									
				千	百	十	万	千	百	十	元	角	分		千	百	十	万	千	百	十	元	角	分
购入材料	材料采购	A材料					1	4	4	0	0	0	0											
		B材料					2	3	2	0	0	0	0											
		C材料					2	3	4	0	0	0	0											
	应交税费	应交增值税（进）					1	0	3	7	0	0	0											
	应付账款	天津耀光																7	1	3	7	0	0	0
合　　计						¥	7	1	3	7	0	0	0				¥	7	1	3	7	0	0	0

附单据 1 张

财务主管 李财　　记账 张红　　审核 沈莉　　制单 李计

账 5-1

应 交 税 费

户名 应交增值税(进项税)　　　　备注

2009年		记账凭证		摘　要	页数	借　方											√	贷　方											√	借或贷	余　额											√
月	日	字	号			亿	千	百	十	万	千	百	十	元	角	分		亿	千	百	十	万	千	百	十	元	角	分			亿	千	百	十	万	千	百	十	元	角	分	
12	1			期初余额																										借				2	2	5	3	0	0	0	0	
12	1	转	1	购入材料						1	5	6	4	0	0	0														借				2	4	0	9	4	0	0	0	
12	2	转	3	购入材料							7	7	5	2	0	0														借				2	4	8	6	9	2	0	0	
12	3	转	7	购入材料							8	1	6	0	0	0														借				2	5	6	8	5	2	0	0	
12	6	转	12	购入材料						1	0	7	3	0	0	0														借				2	6	7	5	8	2	0	0	
12	10	银付	10	购入包装箱							1	5	3	0	0	0														借				2	6	9	1	1	2	0	0	

2．原始凭证、记账凭证、账簿如原凭 5-2、原凭 5-3、记账凭证 5-6、账 5-2 所示，2009 年 12 月 10 日查出错账。

原凭 5-2

天津市增值税专用发票

发票联

No 20091201

开票日期：2009 年 12 月 6 日

名称：鸿儒木器有限责任公司 纳税人识别号：221117860653155 地址、电话：天津市繁荣路 1499 号 022-85541064 开户行及账号：农行繁荣路支行 301-3926499				密码区	47/-3 947/-＞59*<818<90 7>/0/433>2*3-0+672<7* 1+-<<51+41+>*>58*8 460 7 658 765<56+*31/58>>00		
应税劳务名称：	规格型号	单位	数量	单价	金额	税率	税额
A 材料		公斤	300	48.00	14 400.00	17%	2 448.00
B 材料		公斤	400	58.00	23 200.00	17%	3 944.00
C 材料		公斤	300	78.00	23 400.00	17%	3 978.00
合计			1 000		61 000.00		10 370.00
价税合计（大写）	柒万壹仟叁佰柒拾元整　（小写）￥71 370.00						
名称：天津耀光材料加工厂 纳税人识别号：598701638375556 地址、电话：天津市津塘公路 88 号 022-60268931 开户行及账号：工行天津分行津东分理处 02-998905674821					备注	天津耀光材料加工厂 发票专用章	

纳税人：　复核：　开票人：李红　销货单位：（章）

第二联：发票联 购货方记账凭证

原凭 5-3（原未及时入账）

中国农业银行

转账支票存根（津）

IXII03662989

附加信息
出票日期 09年 12月 06日
收款人：天津耀光材料加工厂
金额：￥71 370.00
用途：材料款

单位主管　会计

记账凭证　5-6

转账凭证

2009年　12月6日　　　　转字第12号

摘　要	总账科目	明细科目	√	借款金额										√	借款金额									
				千	百	十	万	千	百	十	元	角	分		千	百	十	万	千	百	十	元	角	分
购入材料	材料采购	A材料					1	4	4	0	0	0	0											
		B材料					2	3	2	0	0	0	0											
		C材料					2	3	4	0	0	0	0											
	应交税费	应交增值税（进）					1	0	3	7	0	0	0											
	应付账款	天津耀光																7	1	3	7	0	0	0
合　计						¥	7	1	3	7	0	0	0				¥	7	1	3	7	0	0	0

附单据1张

财务主管 李财　　记账 张红　　审核 沈菁　　制单 李计

账 5-2

应付账款

户名　天津耀光　　　　备注

2009年 月	日	记账凭证 字	号	摘　要	页数	借方 亿	千	百	十	万	千	百	十	元	角	分	√	贷方 亿	千	百	十	万	千	百	十	元	角	分	√	借或贷	余额 亿	千	百	十	万	千	百	十	元	角	分	√
12	1			期初余额																										贷						6	4	3	5	0	0	√
12	6	转	12	购入材料																		7	1	3	7	0	0	0		贷					7	7	8	0	5	0	0	

3．原始凭证、记账凭证、账簿如原凭5-4、记账凭证5-7、账5-3所示。2009年12月10日查出错账。

原凭 5-4

天津市增值税专用发票

发票联

No 20091201

开票日期：2009 年 12 月 6 日

名称：鸿儒木器有限责任公司 纳税人识别号：221117860653155 地址、电话：天津市繁荣路 1499 号 022-85541064 开户行及账号：农行繁荣路支行 301-3926499				密码区	47/-3947/->59*<818<90 7>/0/433>2*3-0+672<7* 1+-<<51+41+>*>58*8460 7658765<56+*31/58>>00		
应税劳务名称：	规格型号	单位	数量	单价	金额	税率	税额
A 材料		公斤	300	48.00	14 400.00	17%	2 448.00
B 材料		公斤	400	58.00	23 200.00	17%	3 944.00
C 材料		公斤	300	78.00	23 400.00	17%	3 978.00
合　计			1 000		61 000.00		10 370.00
价税合计（大写）	柒万壹仟叁佰柒拾元整　（小写）￥71370.00						
名　　称：天津耀光材料加工厂 纳税人识别号：598701638375556 地址、　电话：天津市津塘公路 88 号　022-60268931 开户行及账号：工行天津分行津东分理处 02-998905674821					备注	天津耀光材料加工厂 发票专用章	

第二联：发票联 购货方记账凭证

纳税人：　复核：　开票人：李 红　销货单位：（章）

记账凭证　5-7（不标准）

转 账 凭 证

2009 年 12 月 6 日　　转字第 12 号

摘　要	总账科目	明细科目	√	借方金额										√	贷方金额									
				千	百	十	万	千	百	十	元	角	分		千	百	十	万	千	百	十	元	角	分
购入材料	材料采购	A 材料						1	4	4	0	0	0											
		B 材料						2	3	2	0	0	0											
		C 材料						2	3	4	0	0	0											
	应交税费	应交增值税（进）						1	0	3	7	0	0											
	应付账款	天津耀光																	7	1	3	7	0	0
合　计							￥	7	1	3	7	0	0					￥	7	1	3	7	0	0

附单据 1 张

财务主管 李财　记账 张红　审核 沈清　制单 李计

账 5-3

应交税费

户名 应交增值税(进项税)　　　　　　　　　　　　备注

2009年		记账凭证		摘要	页数	借方											√	贷方											√	借或贷	余额											√
月	日	字	号			亿	千	百	十	万	千	百	十	元	角	分		亿	千	百	十	万	千	百	十	元	角	分			亿	千	百	十	万	千	百	十	元	角	分	
12	1			期初余额																										借				2	2	5	3	0	0	0	0	
12	1	转	1	购入材料						1	5	6	4	0	0	0														借				2	4	0	9	4	0	0	0	
12	2	转	3	购入材料							7	7	5	2	0	0														借				2	4	8	6	9	2	0	0	
12	3	转	7	购入材料							8	1	6	0	0	0														借				2	5	6	8	5	2	0	0	
12	6	转	12	购入材料							1	0	7	3	0	0														借				2	5	7	8	8	9	0	0	
12	10	银付	10	购入包装箱							1	5	3	0	0	0														借				2	5	9	4	1	9	0	0	

任务处理

一、划线更正法

填制记账凭证时未出现错误，在登账的过程中出现笔误，应采用划线更正法，直接在账簿中进行更正。如案例 5-2 中，账 5-1 出现的错误，请在账 5-1 中进行更正。

二、红字冲销法

由于记账凭证文字错误、数字多记错误，导致账簿登记错误，应采用红字冲销法。如案例 5-2 中，账 5-2 出现的错误，更正步骤如下：

1. 填制红字冲销凭证，所需记账凭证如记账凭证 5-8 所示。

2. 将红字凭证入账，在账 5-2 中登记。（以应付账款明细账为例，此业务也应在材料采购明细账、应交税费明细账中进行登记，若总账采用记账凭证核算形式，也应进行更正。）

3. 填制正确凭证，所需记账凭证如记账凭证 5-9 所示。

4. 将正确凭证入账，在账 5-4 中登记。（以银行存款日记账为例，此业务也应在材料采购明细账、应交税费明细账中进行登记，若总账采用记账凭证核算形式，也应进行更正。）

记账凭证　5-8

转 账 凭 证

年　　月　　日　　　　　　　　字第　　　号

摘　要	总账科目	明细科目	√	借方金额										√	贷方金额									
				千	百	十	万	千	百	十	元	角	分		千	百	十	万	千	百	十	元	角	分
合　计																								

附单据　张

财务主管　　　　记账　　　　审核　　　　制单

记账凭证　5-9

转 账 凭 证

年　　月　　日　　　　　　　　字第　　　号

摘　要	总 账 科 目	明 细 科 目	√	借 方 金 额										√	贷 方 金 额									
				千	百	十	万	千	百	十	元	角	分		千	百	十	万	千	百	十	元	角	分
合　计																								

附单据　张

财务主管　　　　记账　　　　审核　　　　制单

账 5-4

银行存款日记账

账号 301—3926499

2009年		记账凭证		摘要	对方科目	现金支票号码	转账支票号码	借方											贷方											借或贷	余额										
月	日	字	号					亿	千	百	十	万	千	百	十	元	角	分	亿	千	百	十	万	千	百	十	元	角	分		亿	千	百	十	万	千	百	十	元	角	分
12	1			期初余额																										借				5	9	3	9	0	0	0	0
12	5	现付	1	股金存入银行	库存现金						3	0	0	0	0	0	0	0																							
12	5	银付	1	提取现金	库存现金	2867																		5	0	0	0	0	0	借				8	8	8	9	0	0	0	0

三、补冲登记法

由于记账凭证数字少记错误，导致账簿登记错误，应采用补充登记法。如案例 5-3 中，账 5-3 出现的错误，更正步骤如下：

1．填制补充凭证，所需记账凭证如记账凭证 5-10 所示。

2．将补充凭证入账，在账 5-3 中登记。（以应交税费明细账为例，此业务也应在材料采购明细账、应付账款明细账中进行登记，若总账采用记账凭证核算形式，也应进行更正。）

记账凭证　5-10

转 账 凭 证

年　　月　　日　　　　　　　　转字第　　号

摘要	总账科目	明细科目	√	借款金额										√	借款金额									
				千	百	十	万	千	百	十	元	角	分		千	百	十	万	千	百	十	元	角	分
合计																								

附单据　张

财务主管　　　　　　记账　　　　　　审核　　　　　　制单

任务三 结 账

任务案例

案例 5-3 鸿儒木器有限责任公司有关账簿资料如下：

1．库存现金总账，如账 5-5 所示。

2．库存现金日记账，如账 5-6 所示。

3．应收账款明细账，如账 5-7 所示。

账 5-5

总 分 类 账

科目名称 库存现金

2009年		记账凭证		摘要	借方											贷方											借或贷	余额										
月	日	字	号		亿	千	百	十	万	千	百	十	元	角	分	亿	千	百	十	万	千	百	十	元	角	分		亿	千	百	十	万	千	百	十	元	角	分
12	1			期初余额																							借						7	7	8	9	0	0
12	10	汇	1	12月1日-10日发生额				3	0	9	8	0	0	0	0				3	0	4	5	0	0	0	0	借					1	3	0	8	9	0	0
12	20	汇	2	12月11日-20日发生额				1	1	3	7	5	5	0	0				1	1	5	2	4	0	0	0	借					1	1	6	0	4	0	0
12	31	汇	3	12月21日-31日发生额					8	3	1	2	8	0	0					8	3	7	7	8	0	0	借					1	0	9	5	4	0	0

账 5-6

现金日记账

2009年		记账凭证		摘要	对方科目	借方											贷方											借或贷	余额										
月	日	字	号			亿	千	百	十	万	千	百	十	元	角	分	亿	千	百	十	万	千	百	十	元	角	分		亿	千	百	十	万	千	百	十	元	角	分
12	1			期初余额																								借						7	7	8	9	0	0
12	5	现收	1	收到入股股金	实收资本				3	0	0	0	0	0	0	0																3	0	7	7	8	9	0	0
12	10	现付	1	股金存入银行	银行存款															3	0	0	0	0	0	0	0							7	7	8	9	0	0
12	15	银付	1	提取现金	银行存款						5	0	0	0	0	0												借					1	2	7	8	9	0	0
12	18	现付	3	购买办公用品	管理费用																	3	5	0	0	0	0	借						9	2	8	9	0	0
12	20	现收	2	违章操作罚款	营业外收入							8	0	0	0	0												借					1	0	0	8	9	0	0
12	25	现付	4	代垫运费	应收账款																	1	0	0	0	0	0	借						9	0	8	9	0	0
12	26	银付	8	提取现金	银行存款						3	0	0	0	0	0																	1	2	0	8	9	0	0
12	31	银付	11	提取现金	银行存款						1	0	0	0	0	0												借					1	3	0	8	9	0	0

账 5-7

应收账款明细账

户名 达业公司　　　　　　　　　　　　　　　　　　　备注

2009年		记账凭证		摘要	页数	借方											√	贷方											√	借或贷	余额											√
月	日	字	号			亿	千	百	十	万	千	百	十	元	角	分		亿	千	百	十	万	千	百	十	元	角	分			亿	千	百	十	万	千	百	十	元	角	分	
12	1			期初余额																										平									0			
12	5	转	11	发出甲产品					2	2	6	9	8	0	0	0																		2	2	6	9	8	0	0	0	
12	15	现付	4	代垫运费							1	0	0	0	0	0														借				2	2	7	9	8	0	0	0	
12	28	银付	3	受到前欠货款及代垫运费																	2	2	7	9	8	0	0	0		平									0			

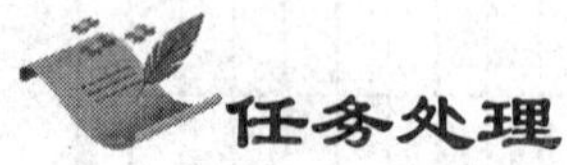

任务处理

年末对全部账簿进行月结、季结、年结，账簿资料见账 5-5、账 5-6、账 5-7。

学习情境六

会计报表的编制

学习目标

1. 能根据企业账簿资料编制资产负债表、利润表。
2. 会对资产负债表、利润表数据之间的勾稽关系进行核对。

任务一　资产负债表的编制

任务案例

案例 6-1　鸿儒木器有限责任公司 2009 年度账簿已全部结账，能根据账簿等相关资料为企业编制 2009 年度的资产负债表。

1. 鸿儒木器有限责任公司 2008 年度资产负债表，如表 6-1 所示。

表 6-1　2008 年资产负债表

2008 年 12 月 31 日　　　　（单位：元）

资　产	期末余额	期初余额	负债和所有者权益	期末余额	期初余额
流动资产：			流动负债：		
货币资金	1 406 300		短期借款	300 000	
交易性金融资产	15 000		应付票据	200 000	
应收票据	246 000		应付账款	953 800	
应收账款	299 100		应付职工薪酬	110 000	
预付款项	100 000		应交税费	36 600	
应收利息			应付股利		
应收股利			其他应付款	50 000	
其他应收款	5 000		流动负债合计	1 650 400	
存货	2 129 000		非流动负债：		
流动资产合计	4 200 400		长期借款	600 000	
非流动资产：			非流动负债合计	600 000	
长期应收款			负债合计	2 250 400	

（续）

资　　产	期末余额	期初余额	负债和所有者权益	期末余额	期初余额
固定资产	1 100 000		所有者权益：		
在建工程	1 500 000		实收资本（或股本）	5 000 000	
工程物资	0		资本公积	0	
固定资产清理	0		盈余公积	100 000	
无形资产	600 000		未分配利润	50 000	
非流动资产合计	3 200 000		所有者权益合计	5 150 000	
资产总计	7 400 400		负债和所有者权益总计	7 400 400	

2．鸿儒木器有限责任公司2009年度科目余额表，如表6-2所示。

表6-2　科目余额表

2009年12月31日　　　　（单位：元）

科目名称	借方余额	科目名称	贷方余额
库存现金	2 000	短期借款	50 000
银行存款	786 135	应付票据	100 000
其他货币资金	7 300	应付账款	953 800
交易性金融资产	77 900	其他应付款	50 000
应收票据	66 000	应付职工薪酬	180 000
应收账款	600 000	应交税费	226 731
坏账准备	－1 800	应付股利	32 215.85
预付账款	100 000	长期借款	1 160 000
其他应收款	5 000	股本	5 000 000
材料采购	275 000	盈余公积	124 770.40
原材料	45 000	利润分配（未分配利润）	190 717.75
周转材料	38 050		
库存商品	2 594 400		
材料成本差异	4 250		
固定资产	2 401 000		
累计折旧	－170 000		
固定资产减值准备	－30 000		
工程物资	150 000		
在建工程	578 000		
无形资产	600 000		
累计摊销	－60 000		

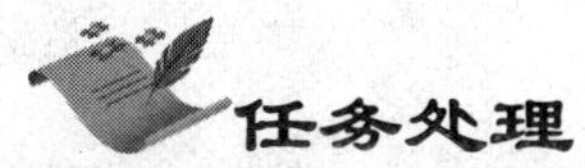

任务处理

根据企业上期资产负债表和当期的科目余额表，按照报表各项目的编制要求，为企业编制资产负债表，资产负债表如表 6-3 所示。

表 6-3　2009 年资产负债表

年　月　日　　　　　　　　　　（单位：　　）

资　　产	期末余额	期初余额	负债和所有者权益	期末余额	期初余额
流动资产：			流动负债：		
货币资金			短期借款		
交易性金融资产			应付票据		
应收票据			应付账款		
应收账款			应付职工薪酬		
预付款项			应交税费		
应收利息			应付股利		
应收股利			其他应付款		
其他应收款			流动负债合计		
存货			非流动负债：		
流动资产合计			长期借款		
非流动资产：			非流动负债合计		
长期应收款			负债合计		
固定资产			所有者权益：		
在建工程			实收资本（或股本）		
工程物资			资本公积		
固定资产清理			盈余公积		
无形资产			未分配利润		
非流动资产合计			所有者权益合计		
资产总计			负债和所有者权益总计		

任务二　利润表的编制

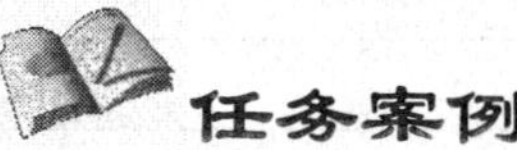

任务案例

案例 6-2　鸿儒木器有限责任公司 2009 年度账簿已全部结账，要求根据账簿等相关资料为企业编制2009年度的利润表。

1．鸿儒木器有限责任公司2008年度利润表，如表6-4所示。

表6-4 2008年利润表

2008年 （单位：元）

项　目	本期金额	上期金额
一、营业收入	1 220 000	
减：营业成本	700 000	
营业税金及附加	1 800	
销售费用	22 000	
管理费用	155 000	
财务费用	52 000	
资产减值损失	50 000	
加：公允价值变动收益（损失以“–”列示）		
二、营业利润	239 200	
加：营业外收入	30 000	
减：营业外支出	15 000	
三、利润总额	254 200	
减：所得税费用	63 550	
四、净利润（利润亏损以“-”列示）	190 650	

2．鸿儒木器有限责任公司2009年损益类科目结转前余额表，如表6-5所示。

表6-5 损益类科目结转前余额表

2009年 （单位：元）

科目名称	借方余额	贷方余额
主营业务收入		1 250 000
主营业务成本	750 000	
营业税金及附加	2 000	
销售费用	20 000	
管理费用	157 100	
财务费用	41 500	
资产减值损失	30 900	
营业外收入		50 000
营业外支出	19 700	
所得税费用	69 700	

任务处理

根据企业上期利润表和当期的结转前损益类科目余额表，按照报表各项目的编制要求，为企业编制利润表，利润表如表 6-6 所示。

表 6-6　2009 年利润表

年　　　　　　　　　　　　（单位：　　）

项　　目	本期金额	上期金额
一、营业收入		
减：营业成本		
营业税金及附加		
销售费用		
管理费用		
财务费用		
资产减值损失		
加：公允价值变动收益（损失以“-”列示）		
二、营业利润		
加：营业外收入		
减：营业外支出		
三、利润总额		
减：所得税费用		
四、净利润（利润亏损以“-”列示）		

学习情境七
综合业务处理

学习目标

1. 能正确填制、审核原始凭证的各项内容。
2. 能正确填制、审核记账凭证的各项内容。
3. 能建立、登记明细账。
4. 能建立总账。
5. 能编制科目汇总表、汇总记账凭证。
6. 能采用记账凭证、科目汇总表、汇总记账凭证账务处理程序登记总账。
7. 能对账、更正错账、结账。
8. 能编制科目余额表。
9. 能编制资产负债表、利润表。
10. 会运用会计信息为企业服务。

任务案例

案例 7-1 鸿儒木器有限责任公司 2009 年度 12 月份发生以下经济业务，要求根据原始凭证填制和审核记账凭证，分别采用记账凭证、科目汇总表、汇总记账凭证核算形式登记总账账簿，编制科目余额表，编制资产负债表与利润表。

（一）企业概况

本企业由法人鸿运公司和自然人李小儒共同出资的鸿儒木器有限责任公司经工商管理部门批准正式成立。注册资金 220 万元。

厂址：天津市繁荣路 1499 号

电话：022-85541064

纳税人登记号：221117860653155

企业基本存款户：中国农业银行繁荣路支行

账号：301-3926499

法人代表：李斯

会计主管：李财

出纳：田野

（二）企业的内部会计制度

1．记账方法采用借贷记账法。

2．账务处理分组采用记账凭证、科目汇总表、汇总记账凭证账务处理程序，其中，科目汇总表、汇总记账凭证每月汇总一次，并据以登记总账。

3．凭证类别。企业采用复式记账凭证，分为收款凭证、付款凭证和转账凭证三种格式。凭证编号按类别、顺序编号。对于涉及两种货币资金之间收付的业务，一律填制付款凭证。

4．账页格式。企业根据《企业会计准则》规定，开设总分类账、明细分类账及日记账。总分类账及日记账一律采用“借方”、“贷方”和“余额”三栏式账簿，明细分类账根据核算需要分别选用三栏式、数量金额式、多栏式等格式账页。

5．会计报告内容。模拟企业按规定编制资产负债表、利润表。

6．存货根据本企业管理需要采用实际成本法核算。

7．银行预留印鉴，如图 7-1 所示。

图　7-1

（三）期初余额

鸿儒木器有限责任公司 2009 年 12 月 1 日科目余额表，如表 7-1 所示。

表 7-1　科目余额表

2009 年 12 月 1 日　　（单位：元）

项　目	金　额	项　目	金　额
库存现金	5 010	短期借款	605 000
银行存款	800 000	应付账款	
应收账款		金达皮革厂	11 232
迎春公司	68 094	耀光厂	367 240
宝岩公司	325 728	应付职工薪酬	
应收票据		应交税费	
商业承兑汇票	182 520	应交所得税	3 250
其他应收款		应交增值税	71 690（借方）
设备处（张增发）	5 000	应付利息	5 470
办公室（王影）	3 000	实收资本	

（续）

项　目	金　额	项　目	金　额
在途物资		鸿运公司	1 200 000
纤维板	6 000	李小儒	1 000 000
	120 张（50 元/张）	资本公积	
原材料		盈余公积	
油漆	54 000	法定盈余公积	148 000
	450 桶（120 元/桶）	任意盈余公积	450 000
实木板	70 400	本年利润	1 480 000
	800 张（88 元/张）	利润分配	
皮革	16 000	提取法定盈余公积	148 000（借方）
	2000 平方尺（8 元/平方尺）	提取任意盈余公积	450 000（借方）
生产成本		未分配利润	150 000
办公桌	34 000		
办公椅			
制造费用			
库存商品			
办公桌	84 500		
	260 张（325 元/张）		
办公椅	164 250		
	730 把（225 元/把）		
固定资产	3 590 000		
累计折旧	658 000（贷方）		
合　计	4 750 502	合　计	4 750 502

（四）企业 2009 年 12 月发生的经济业务

1．1 日，上月在途纤维板验收入库，结转其实际采购成本，见原凭 7-1。

2．1 日，从耀光厂购入纤维板 1 200 张，单价 48 元，购入实木板 300 张，单价 86 元，增值税率 17%，货款用银行存款支付，见原凭 7-2-1、原凭 7-2-2。

3．2 日，生产领用原材料，具体见表 7-2。

表 7-2　领用原材料情况表一

2009 年 12 月 2 日

用　途	材　料	数　量	单 位 成 本	领　料　人
办公桌	实木板	300 张	88 元/张	许耀军
办公桌	皮革	800 平方尺	8 元/平方尺	许耀军
办公椅	皮革	1000 平方尺	8 元/平方尺	李　超

要求：领用皮革填制领料单两张，领用实木板填制限额领料单一张，见原凭 7-3-1、原凭 7-3-2、原凭 7-3-3，结转皮革实际成本。

4．3 日，采购员姚洪亮出差，借差旅费 3 000 元。出纳员田野以现金付讫，见原凭 7-4。

5．5 日，向双德公司出售办公桌 80 张，每张售价 760 元；办公椅 300 把，每把 520 元。用现金代垫运费 200 元，货款尚未收到，见原凭 7-5-1、原凭 7-5-2。

6．7 日，以银行存款支付从耀光厂购入实木板、纤维板的运杂费 3 000 元（按数量分配），见原凭 7-6-1、原凭 7-6-2、原凭 7-6-3。

7．8 日，12 月 1 日从耀光厂购入的实木板、纤维板全部验收入库，结转其实际采购成本，见原凭 7-7-1、原凭 7-7-2。

8．10 日，生产领用原材料，具体见表 7-3。

表 7-3　领用原材料情况表二

2009 年 12 月 10 日

用　途	材　料	数　量	单位成本	领料人
办公桌	实木板	300 张	88 元/张	许耀军
办公桌	纤维板	300 张	50 元/张	许耀军
办公椅	纤维板	200 张	50 元/张	李　超

要求：领用纤维板填制领料单两张，领用实木板填制限额领料单一张，见原凭 7-8-1、原凭 7-8-2、原凭 7-3-3，结转纤维板实际成本。

9．10 日，以银行存款支付所得税 3 250 元，见原凭 7-9。

10．12 日，以现金支付业务招待费 800 元，见原凭 7-10-1、原凭 7-10-2。

11．13 日，收到金智公司到期商业汇票款 182 520 元，见原凭 7-11。

12．14 日，以银行存款偿还金达皮革厂货款 11 232 元，见原凭 7-12。

13．15 日，以银行存款向红十字会支付救灾捐款 20 000 元，见原凭 7-13-1、原凭 7-13-2。

14．16 日，以银行存款支付新体验传播公司广告费 12 000 元，见原凭 7-14-1、原凭 7-14-2。

15．17 日，职工赵昭违纪罚款 3 000 元，现金交财务科 1 500 元。见原凭 7-15-1、原凭 7-15-2。

16．19 日，以银行存款支付厂部设备小修理费 1 500 元，车间设备小修理费 2 300 元，见原凭 7-16-1、原凭 7-16-2。

17．20 日，生产领用原材料，具体见表 7-4 所示。

表 7-4　领用原材料情况表四

2009 年 12 月 20 日

用　途	材　料	数　量	单位成本	领料人
办公桌	实木板	300 张	88 元/张	许耀军
办公椅	皮革	200 平方尺	8 元/平方尺	李超
办公椅	纤维板	200 张	50 元/张	李超

要求：领用皮革、纤维板填制领料单两张，领用实木板填制限额领料单一张，结转皮革、纤维板、实木板实际成本，见原凭 7-17-1、原凭 7-17-2、原凭 7-3-3。

18．21 日，向新发广场出售办公桌 180 张，每张售价 760 元；办公椅 430 把，每把 520 元，款项存入银行，见原凭 7-18-1、原凭 7-18-2。

19．22 日，计提固定资产折旧 33 000 元，其中车间固定资产折旧 19 000 元，行政管理部门固定资产折旧 14 000 元，原凭 7-19。

20．23 日，设备处张增发报销差旅费 4 800 元，交回现金 200 元，见原凭 7-20-1、原凭 7-20-2、原凭 7-20-3、原凭 7-20-4。

21．24 日，各部门领用油漆情况，如表 7-5 所示，见原凭 7-21-1、原凭 7-21-2、原凭 7-21-3、原凭 7-21-4，结转油漆实际成本。

表 7-5 领用原材料情况表三

2009 年 12 月 24 日

用 途	材 料	数 量	单位成本	领料人
办公桌	油漆	200 桶	120 元/桶	许耀军
办公椅	油漆	150 桶	120 元/桶	李超
车间耗用	油漆	20 桶	120 元/桶	赵昭
行政部门	油漆	60 桶	120 元/桶	王影

22．25 日，以银行存款购入电脑一批，共计 140 400，增值税额 20 400 元，见原凭 22-1、原凭 22-2。

23．26 日，计提本月应负担短期借款利息 2 780 元。

24．27 日，以银行存款支付本季度短期借款利息 8 250 元，原凭 24。

25．28 日，以银行存款支付本月电费 26 600 元，其中生产车间生产办公桌 13 460 元，生产办公椅 11 740 元，车间 500 元，行政部门 900 元，见原凭 7-25-1、原凭 7-25-2、原凭 7-25-3。

26．29 日，销售纤维板 200 张，每张售价 70 元，见原凭 7-26-1、原凭 7-26-2。

27．30 日，分配结转本月职工工资 150 000 元，其中生产工人工资 100 000 元（按工时分配工资，办公桌 3 500 工时，办公椅 1 500 工时），车间管理人员工资 20 000 元，工厂行政部门工资 30 000 元，见原凭 7-27-1、原凭 7-27-2。

28．30 日，签发现金支票一张，向农行提取现金 150 000 元，根据“工资汇总表”发放工资，见原凭 7-28。

29．30 日，根据工时比例分配结转本期制造费用，见原凭 7-29。

30．30 日，本月生产的 840 张办公桌、456 把办公椅全部完工，见原凭 7-30。

31．31 日，结转售出材料纤维板成本，见原凭 7-31。

32．31 日，结转本月售出产品实际成本（办公桌 325 元/张，办公椅 225 元/把）见原凭 7-32-1、原凭 7-32-2。

33．31 日，将各损益类账户结转本年利润。

34．31 日，按利润总额 25%计提本月应交所得税，并结转到本年利润。

35．31 日，按实现净利润的 10%计提法定盈余公积金，见原凭 7-35。

36．31 日，根据股东大会决议，提取任意盈余公积 50 000 元，见原凭 7-36。

37．31 日，按规定计算出本年应付普通股股利 648 000 元，见原凭 7-37。

38．31 日，年末结转“本年利润”账户和“利润分配——提取法定盈余公积”、“利润分配——提取任意盈余公积”、“利润分配——应付现金股利或利润”明细账户。

实训的组织

一、实训方案

模拟实习应在经过系统的理论教学与传统习题作业之后进行，方能取得理论与实践双提高的预期效果。会计专业可以根据教学进度分次实习或期末一次实习。分次实习时，可在“基础会计”课程每单元结束后，进行实训；一次实习时，可于学生“基础会计”结课后，集中实训。

二、实训的组织

1．预先计算、购买实训用账页、记账凭证和报表。为了减轻学生经济负担，不致造成浪费，教师应根据模拟企业的业务情况预先计算该实训每个学生所需的各种账页、账本、记账凭证和报表的张数，统一购置，组成实务包发放给每一位同学。本实训所需实训资料情况如下：

（1）收款凭证 1 本。

（2）付款凭证 1 本。

（3）转账凭证 1 本。

（4）记账凭证封皮 5 张。

（5）订本式现金日记账 1 本。

（6）订本式银行存款日记账 1 本。

（7）订本式总账 1 本。

（8）三栏式明细账页 20 页。

（9）数量金额式明细账页 20 页。

（10）多栏式明细账页 5 页。

（11）科目汇总表 5 页。

（12）汇总记账凭证 25 页。

（13）科目余额表 5 页。

（14）资产负债表（2006 新准则）5 份。

（15）利润表（2006 新准则）5 份。

（16）胶水、曲别针、口取纸、线绳、计算器等学生自备。

2．分散建立账簿。为减少老师集中指导实训的时间压力，可要求学生独自完成建立账簿的工作。建账前应利用课堂，讲清建账的一般要求。学生根据期初余额表分别建立总账和明细账。总账应事先建好目录，并用口取纸贴好标记。

3．集中填制记账凭证。填制记账凭证的依据是本书所附的记录企业经济业务发生的原始凭证和账面数据，要求学生逐笔认真分析后填写。填制记账凭证的工作最好集中进行，以便实习指导教师认真解答遇到的问题，达到结合实际、提高理论水平的效果。填制凭证时，将书中所附原始凭证裁下，附在记账凭证之后。建议在记账凭证的“制单”处填制学生本人的姓名。

4．师生核对记账凭证。在学生登记账簿之前，教师应在课堂上与学生核对每笔经济业务应借、应贷账户及金额是否正确；核对中遇到的共同性错误与难点，还应结合实际例子作详细的理论阐述，从而加深对理论的理解。也可以利用课上的时间，同学之间互相审核，审核的同学在记账凭证的“审核”处签名。

5．分散登账、结账和编表。登账、结账、试算平衡和报表的编制工作重复性强、工作量大，可安排学生利用课下时间完成。同学之间可经互相核对期末余额及报表中的各项数据。

6．期末收取全部账、证、表。

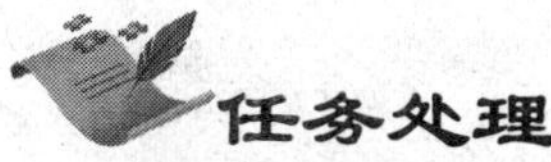

任务处理

根据企业的各项经济业务，填制空白的原始凭证，根据审核无误的原始凭证填制记账凭证，登记现金日记账、银行存款日记账、各明细分类账、总分类账，编制资产负债表、利润表。

模拟企业2009年12月经济业务所附原始凭证。

原凭　7-1

材料入库验收单

售货单位：　　　　　　　　　　验字第　　号

单据号数：　　　　　　　　　　年　月　日　　　　　　　　结算方式：

材料编号	名称及规格	计量单位	数量		实际金额	
			采购	实收	单价（元）	总价（元）
			运费		合计	
验收意见			单价（元）	总价（元）	单价（元）	总价（元）
入库时间						

仓库主管：　　　　材料会计：　　　　收料员：　　　　经办人：　　　　制单：

原凭　7-2-1

中国农业银行
转账支票存根（津）
IXII03662931

附加信息

出票日期　　年　月　日

收款人：

金额：

用途：

单位主管　　会计

中国农业银行　　　转账支票（津）　　　IXII03662931

本支票支付期限十天

出票日期（大写）　　年　　月　　日　付款行名称：农行繁荣路支行

收款人：　　　　　　　　　　出票人账号：301-3926499

人民币（大写）		亿	千	百	十	万	千	百	十	元	角	分

用途______.

上列款项请从

我账户内支付

出票人签章　　　　　　　　复核　　　　记账

"694461": 029876546702039487l: 3013926499"00

原凭　7-2-2

天津市增值税专用发票

发票联

国家税务总局监制

开票日期：2009 年 12 月 1 日　　　　No 20091201

购货单位	密码区	
名称：鸿儒木器有限责任公司 纳税人识别号：221117860653155 地址：天津市繁荣路 1499 号 电话 022-85541064 开户行及账号：农行繁荣路支行　301-3926499	密码区	47/-3 947/->59*<818<90 7>/0/433>2*3-0+672<7* 1+-<<51+41+>*>58*8 460 7 658 765<56+*31/58>>00

应税劳务名称：	规格型号	单位	数量	单价	金额	税率	税额
纤维板	p1201	张	1 200	48.00	57 600.00	17%	9 792.00
实木板	p1236	张	300	86.00	25 800.00	17%	4 386.00
合　计					83 400.00		14 178.00
价税合计（大写）	玖万柒仟伍佰柒拾捌元整				（小写）￥97 578.00		

销货单位	备注
名　　称：天津耀光材料加工厂 纳税人识别号：598701638375556 地址、电话：天津市津塘公路 88 号　022-60268931 开户行及账号：工行天津分行津东分理处　02-998905674821	天津耀光材料加工厂 发票专用章

纳税人：　　复核：　　开票人：刘凤　　销货单位：（章）

第三联：记账联　销货方记账凭证

原凭　7-3-1

领　料　单

材料类别：　　　　领用部门编号：

领用部门：　　　　年　月　日　　　　发料部门编号：

材料编号	名称及规格	计量单位	数量		金额	
			请领数	实发数	单价（元）	总价（元）
合计						
用途						

仓库主管：　　材料会计：　　领料员：　　经办人：

原凭　7-3-2

领　料　单

材料类别：　　　　　　　　　　　　　　　　　　　　　　　　领用部门编号：
领用部门：　　　　　　　　　年　月　日　　　　　　　　　　发料部门编号：

<table>
<tr><td rowspan="2">材料编号</td><td rowspan="2">名称及规格</td><td rowspan="2">计量单位</td><td colspan="2">数量</td><td colspan="2">金额</td></tr>
<tr><td>请领数</td><td>实发数</td><td>单价（元）</td><td>总价（元）</td></tr>
<tr><td></td><td></td><td></td><td></td><td></td><td></td><td></td></tr>
<tr><td></td><td></td><td></td><td></td><td></td><td></td><td></td></tr>
<tr><td></td><td></td><td></td><td></td><td></td><td></td><td></td></tr>
<tr><td></td><td></td><td></td><td></td><td></td><td></td><td></td></tr>
<tr><td colspan="3">合计</td><td colspan="4"></td></tr>
<tr><td>用途</td><td colspan="6"></td></tr>
</table>

仓库主管：　　　　材料会计：　　　　领料员：　　　　经办人：

原凭　7-3-3

限 额 领 料 单

领用部门：　　　　　　　　　　　　　　　　　　　　　　　　第　　号：
用途：　　　　　　　　　　年　月　　　　　　　　　　　　　发料仓库：

<table>
<tr><td rowspan="2">领料编号</td><td rowspan="2" colspan="2"></td><td rowspan="2">计量单位</td><td rowspan="2">计划投产量</td><td rowspan="2">领用限额</td><td colspan="3">实发合计</td></tr>
<tr><td>数量</td><td>单价</td><td>金额</td></tr>
<tr><td></td><td colspan="2"></td><td></td><td></td><td></td><td></td><td></td><td></td></tr>
<tr><td rowspan="2">日期</td><td colspan="3">领用</td><td colspan="3">退料</td><td colspan="2">限额结余</td></tr>
<tr><td>数量</td><td>领料人</td><td>发料人</td><td>数量</td><td>退料人</td><td>收料人</td><td>数量</td><td>金额</td></tr>
<tr><td></td><td></td><td></td><td></td><td></td><td></td><td></td><td></td><td></td></tr>
<tr><td></td><td></td><td></td><td></td><td></td><td></td><td></td><td></td><td></td></tr>
<tr><td></td><td></td><td></td><td></td><td></td><td></td><td></td><td></td><td></td></tr>
<tr><td></td><td></td><td></td><td></td><td></td><td></td><td></td><td></td><td></td></tr>
<tr><td>合计</td><td></td><td></td><td></td><td></td><td></td><td></td><td></td><td></td></tr>
</table>

生产计划部门　　　　　　　　　　　　　　　　　　　　　　供销部门

原凭　7-4

借　款　单（记　账）

2009 年 12 月 03 日　　　　顺序第　101 号

借款单位	采购部	姓名	姚洪亮	级别	科员	事由	采购原料
借款金额（大写）	叁仟元整			借款金额（小写）	¥3 000.00		
部门负责人签字	张玉	借款人签章	姚洪亮	注意事项	一、凡借公款必须使用本单 二、第三联为正式借据由借款人和单位负责人签章 三、差旅费返回后三天内结算		
单位负责人签字	李小儒	财务部审核意见	同意　李财				

原凭　7-5-1

借　款　单（记　账）

2009 年 12 月 05 日　　　　顺序第　102 号

借款单位	销售部	姓名	李强	级别	科员	事由	代垫双德运费
借款金额（大写）	贰佰元整			借款金额（小写）	¥200.00		
部门负责人签字	王晓	借款人签章	李强	注意事项	一、凡借公款必须使用本单 二、第三联为正式借据由借款人和单位负责人签章 三、差旅费返回后三天内结算		
单位负责人签字	李小儒	财务部审核意见	同意　李财				

原凭　7-5-2

天津市增值税专用发票

发票联

开票日期：2009年12月05日　　　　No 20091205

购货单位		密码区	
名称：双德办公用品有限责任公司 纳税人识别号：3698521414752 地址：天津市复兴路 986 号　电话：022-98764312 开户行及账号：工行复兴路支行　102-4563987412		密码区	852/8*47/->5<325<232 7>/0/433>2*3-0+672<7* 1-/#451+41+>*>58*8 460 245 698<56+*31/58>>00

应税劳务名称	规格型号	单位	数量	单价	金额	税率	税额
办公桌	p2361	张	80	760.00	60 800.00	17%	10 336.00
办公椅	p3365	把	300	520.00	156 000.00	17%	26 520.00
合　计					216 800.00		36 856.00
价税合计（大写）	贰拾伍万叁仟陆佰伍拾陆元整				（小写）￥253 656.00		

销货单位	备注	
名称：鸿儒木器有限责任公司 纳税人识别号：221117860653155 地址、电话：天津市繁荣路 1499 号　022-85541064 开户行及账号：农行繁荣路支行　301-3926499	备注	

纳税人：　　　复核：　　　开票人：王磊　　　销货单位：（章）

第三联：记账联　销货方记账凭证

原凭　7-6-1

中国农业银行
转账支票存根（津）

IXII03662932
附加信息
出票日期 2009年 12月 07日
收款人：信达运输
金额：￥3 000.00
用途：材料运费

单位主管　　　　会计

原凭 7-6-2

天津市运输行业专用发票

2009年12月05日

货物名称	数量	重量	包装	代垫费用								托运费用							
实木板	300张			项目	万	千	百	十	元	角	分	项目	万	千	百	十	元	角	分
纤维板	1 200张			铁路								服务费							
				公路		3	0	0	0	0	0	仓储保管费							
				空运								包装费							
				水运								搬到理货费							
				保险费								倒运手续费							
				合计	¥	3	0	0	0	0	0	合计							
总计大写	叁仟元整																		

第二联：发票联 购货方记账凭证

发票专用章

原凭 7-6-3

运费分配单

（单位：元）

物资名称	运送数量（张）	分配率（%）	分配额
纤维板	1 200	80	2 400
实木板	300	20	600
合　计	1 500	100	3 000

编制部门：财务部　　　　制单人：丁荣

原凭　7-7-1

材 料 入 库 验 收 单

售货单位：　　　　　　　　　　　　　　　　　　　　　　　　验字第　　号

单据号数：　　　　　　　　　　年　月　日　　　　　　　　　结算方式：

材料编号	名称及规格	计量单位	数量		实际金额	
			采购	实收	单价（元）	总价（元）
			运费		合计	
验收意见			单价（元）	总价（元）	单价（元）	总价（元）
入库时间						

仓库主管：　　　　材料会计：　　　　收料员：　　　　经办人：　　　　制单：

原凭　7-7-2

材 料 入 库 验 收 单

售货单位：　　　　　　　　　　　　　　　　　　　　　　　　验字第　　号

单据号数：　　　　　　　　　　年　月　日　　　　　　　　　结算方式：

材料编号	名称及规格	计量单位	数量		实际金额	
			采购	实收	单价（元）	总价（元）
			运费		合计	
验收意见			单价（元）	总价（元）	单价（元）	总价（元）
入库时间						

仓库主管：　　　　材料会计：　　　　收料员：　　　　经办人：　　　　制单：

原凭　7-8-1

领　料　单

材料类别：　　　　　　　　　　　　　　　　　　　　领用部门编号：

领用部门：　　　　　　　　年　月　日　　　　　　　发料部门编号：

材料编号	名称及规格	计量单位	数量		金额	
			请领数	实发数	单价（元）	总价（元）
合计						
用途						

仓库主管：　　　　材料会计：　　　　领料员：　　　　经办人：

原凭　7-8-2

领　料　单

材料类别：　　　　　　　　　　　　　　　　　　　　领用部门编号：

领用部门：　　　　　　　　年　月　日　　　　　　　发料部门编号：

材料编号	名称及规格	计量单位	数量		金额	
			请领数	实发数	单价（元）	总价（元）
合计						
用途						

仓库主管：　　　　材料会计：　　　　领料员：　　　　经办人：

原凭　7-9

中华人民共和国税收缴款书

填发日期　2009 年 12 月 10 日　收入机关：市税局

<table>
<tr><td rowspan="4">缴款单位</td><td>代　码</td><td></td><td rowspan="3">预算科目</td><td>编码</td><td colspan="4"></td></tr>
<tr><td>全　称</td><td>鸿儒木器有限责任公司</td><td>名称</td><td colspan="4">所得税</td></tr>
<tr><td>开户银行</td><td>农行繁荣路支行</td><td>级次</td><td colspan="4">市级</td></tr>
<tr><td>账　号</td><td>301-32926499</td><td colspan="2">收缴国库</td><td colspan="4">河东区支金库</td></tr>
<tr><td colspan="3">税款所属日期 2009年 11月01 日</td><td colspan="6">税款限缴日期 2009年 12月 10 日</td></tr>
<tr><td colspan="2">品目名称</td><td>课税数量</td><td>计税金额或销售收入</td><td>税率或单位税</td><td>已缴或扣除数</td><td colspan="3">实缴税额</td></tr>
<tr><td colspan="2">所得税</td><td></td><td>13 000</td><td>25%</td><td></td><td colspan="3">3 250.00</td></tr>
<tr><td colspan="6">合计金额（大写）叁仟贰佰伍拾元整</td><td colspan="3">¥3 250.00</td></tr>
<tr><td colspan="2">缴款单位（盖章）
经办人（章）</td><td>税务机关（盖章）
填票人（章）</td><td colspan="3">上列款项已收妥并划收款单位账户
国库（银行）盖章　年 月 日</td><td>备注</td><td colspan="2"></td></tr>
</table>

第一联（收据）国库（经收处）收款盖章后退缴款单位（人）作完税凭证

原凭　7-10-1

天津市服务业通用发票

（09012323248）　2009 年 12 月 12 日　No 20091212

<table>
<tr><td>客户名称</td><td colspan="3">鸿儒木器有限责任公司</td><td>地址</td><td>繁荣路1449号</td></tr>
<tr><td>项目</td><td>摘要</td><td>单位</td><td>数量</td><td>单价</td><td>金额（万千百十元角分）</td></tr>
<tr><td>餐饮费</td><td></td><td></td><td></td><td>800.00</td><td>80000</td></tr>
<tr><td></td><td></td><td></td><td></td><td></td><td></td></tr>
<tr><td>合计金额（大写）</td><td colspan="4">捌佰零拾零元零角零分</td><td>¥80000</td></tr>
<tr><td colspan="6">注：盖有发票专用章，否则报销无效。</td></tr>
<tr><td>服务单位：</td><td colspan="3">郑州状元酒楼</td><td>地址</td><td>南浮路128号</td></tr>
</table>

开票人：李朋　收款人：王春　收款单位：（章）

第二联：发票联购货方记账凭证

原凭　7-10-2

鸿儒木器有限责任公司

付　款　单

部门:＿＿＿＿＿　　　　年　月　日　　　　附单据　张　第　号

付款原因					
金额	人民币（大写）			￥:	
负责人		经办人		验收人	
备注					

原凭　7-11

委 托 收 款 凭 证（回单）

委托日期　2009年12月13日　　　　委托号码　00324

付款单位	全称	金智商贸有限公司	收款人	全称	鸿儒木器有限责任公司
	账号	09-6087347367834		账号	301-3926499
	开户银行	工行武汉分行		开户银行	农行繁荣路支行

出票金额	人民币（大写）壹拾捌万贰仟伍佰贰拾元整	千	百	十	万	千	百	十	元	角	分
			￥	1	8	2	5	2	0	0	0

款项内容	商业承兑汇票到期	委托收款凭证名称	商业承兑汇票	附寄单证张数	1张
备注:		款项收托日期 年 月 日		收款人开户银行签章	

中国农业银行繁荣路支行 2009.12.23 转账 转讫

单位主管　　　会计　　　复核　　　记账

原凭　7-12

中国农业银行
转账支票存根（津）

IXII03662933
附加信息
出票日期 2009年12月14日
收款人：金达皮革
金额：￥11 232.00
用途：皮革款

单位主管　　　　　会计

原凭　7-13-1

中国农业银行
转账支票存根（津）

IXII03662934
附加信息
出票日期 2009年12月15日
收款人：红十字会
金额：￥20 000.00
用途：捐款

单位主管　　　　　会计

原凭　7-13-2

天津市社会团体单位统一收据

No. 0049002

2009年12月15日

今收到：	鸿儒木器有限责任公司					
交来：	救灾捐款					
金额(大写)：	贰万元整					
					￥20 000.00	
收款单位签章		收款人	王芳		交款人	田野

天津红十字会 财务专用章

第二联交对方

原凭　7-14-1

中国农业银行
转账支票存根（津）

IXII03662935

附加信息
出票日期 2009年 12月 16日
收款人：新体验传播
金额：￥12 000.00
用途：广告费

单位主管　　　　会计

原凭　7-14-2

天津市服务业通用发票

（07012002338）　　2009年12月16日　　No 091206

<table>
<tr><td>客户名称</td><td colspan="3">鸿儒木器有限责任公司</td><td>地址</td><td colspan="7">紫荣路1499号</td></tr>
<tr><td rowspan="2">项目</td><td rowspan="2">摘要</td><td rowspan="2">单位</td><td rowspan="2">数量</td><td rowspan="2">单价</td><td colspan="7">金额</td></tr>
<tr><td>万</td><td>千</td><td>百</td><td>十</td><td>元</td><td>角</td><td>分</td></tr>
<tr><td>广告费</td><td></td><td></td><td></td><td>12 000</td><td>1</td><td>2</td><td>0</td><td>0</td><td>0</td><td>0</td><td>0</td></tr>
<tr><td></td><td></td><td></td><td></td><td></td><td></td><td></td><td></td><td></td><td></td><td></td><td></td></tr>
<tr><td>合计金额（大写）</td><td colspan="4">壹万贰仟零佰零拾零元零角零分　￥</td><td>1</td><td>2</td><td>0</td><td>0</td><td>0</td><td>0</td><td>0</td></tr>
<tr><td colspan="12">注：盖有发票专用章，否则报销无效。</td></tr>
<tr><td>服务单位：</td><td colspan="3">天津新体验传播广告有限公司</td><td>地址</td><td colspan="7">山西路88号</td></tr>
</table>

开票人：赵一然　　收款人：李正阳　　收款单位：（章）

第二联：发票联　购货方记账凭证

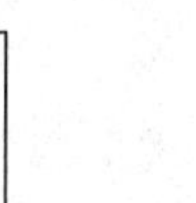

原凭　7-15-1

罚款通知

财务部：

职工赵昭违章操作，造成机器设备严重损坏，经研究决定对赵昭同志予以3 000元罚款。

总经理：李鸿儒　　财务部：李财

2009年12月17日　　2009年12月17日

原凭　7-15-2

收　据

No 20091217

2009年12月17日

<table>
<tr><td>今收到：</td><td colspan="4">赵昭</td></tr>
<tr><td>交来：</td><td colspan="4">违纪罚款</td></tr>
<tr><td rowspan="2">金额(大写)：</td><td colspan="4">壹仟伍佰元整</td></tr>
<tr><td colspan="4">￥1 500.00</td></tr>
<tr><td>收款单位签章</td><td>收款人</td><td>田野</td><td>交款人</td><td>赵昭</td></tr>
</table>

第二联交对方

原凭　7-16-1

中国农业银行
转账支票存根（津）

IXII03662936

附加信息
出票日期 2009年 12月 19日
收款人： 大通修理
金额：￥3 800.00
用途：修理费

单位主管　　　　　会计

原凭　7-16-2

天 津 市 服 务 业 通 用 发 票

（07012424248）　　2009年12月19日　　No 20091219

客户名称	鸿儒木器有限责任公司			地址	繁荣路1499号						
项目	摘要	单位	数量	单价	金额						
					万	千	百	十	元	角	分
设备修理费	厂部设备修理					1	5	0	0	0	0
	车间设备修理					2	3	0	0	0	0
合计金额（大写）	叁仟捌佰零拾零元零角零分					3	8	0	0	0	0
注：盖有发票专用章，否则报销无效。											
服务单位：	天津大通设备修理有限公司			地址	文宁路08号						

开票人：王春霞　　收款人：刘峰　　收款单位：（章）

第二联：发票联　购货方记账凭证

原凭　7-17-1

领　料　单

材料类别：　　　　　　　　　　　　　　　　　　　　领用部门编号：
领用部门：　　　　　　　年　月　日　　　　　　　　发料部门编号：

材料编号	名称及规格	计量单位	数量		金额	
			请领数	实发数	单价（元）	总价（元）
合计						
用途						

仓库主管：　　　　材料会计：　　　　领料员：　　　　经办人：

原凭　7-17-2

领　料　单

材料类别：　　　　　　　　　　　　　　　　　　　　领用部门编号：
领用部门：　　　　　　　年　月　日　　　　　　　　发料部门编号：

材料编号	名称及规格	计量单位	数量		金额	
			请领数	实发数	单价（元）	总价（元）
合计						
用途						

仓库主管：　　　　材料会计：　　　　领料员：　　　　经办人：

原凭　7-18-1

中国工商银行 进账单 3

2009 年 12 月 21 日　　　　第 20091221 号

付款单位	全称	天津新发广场股份有限公司	收款人	全称	鸿儒木器有限责任公司
	账号	332456387414		账号	301-3926499
	开户银行	农行云南路支行		开户银行	农行繁荣路支行

人民币（大写）	肆拾贰万壹仟陆佰陆拾捌元整	千	百	十	万	千	百	十	元	角	分
			¥	4	2	1	6	6	8	0	0

票据种类	支	
票据张数	1	中国农业银行繁荣路支行 2009.12.21 转账 转讫　收款人开户盖章
单位主管　会计　复核　记账		

原凭　7-18-2

天津市增值税专用发票

全国统一发票监制章　发票联　天津　国家税务总局监制

No 20091221

开票日期：2009 年 12 月 21 日

购货单位	名称：天津新发广场股份有限公司 纳税人识别号：1208756032135 地址、电话：天津市云南路 2008 号　022-97290183 开户行及账号：农行云南路支行　332456387414	密码区	123/8*45/->5<787<232 7>/0/433>2*3-0-3 455<7* 1-/#451+41+>*>58*898 65 478<56+*31/58>>54

应税劳务名称	规格型号	单位	数量	单价	金额	税率	税额
办公桌	p2361	张	180	760.00	136 800.00	17%	23 256.00
办公椅	p3365	把	430	520.00	223 600.00	17%	38 012.00
合　计					360 400.00		61 268.00
价税合计（大写）	肆拾贰万壹仟陆佰陆拾捌元整				（小写）¥421 668.00		

销货单位	名称：鸿儒木器有限责任公司 纳税人识别号：221117860653155 地址、电话：天津市繁荣路 1499 号　022-85541064 开户行及账号：农行繁荣路支行　301-3926499	备注	

纳税人：　　复核：　　开票人：王磊　　销货单位：（章）

第三联：记账联　销货方记账凭证

原凭　7-19

固定资产折旧计提表

2009年12月22日　　　　（单位：元）

部门	原值	月综合折旧率	月折旧额
车间	1 900 000	1%	19 000
行政管理部门	1 690 000	0.828 4%	14 000
	3 590 000		33 000

设备处主管：　　　　财务部主管：　　　　制表人：张立

原凭　7-20-1

差旅费报销单

2009年　12　月　23　日

出差人	张増发	职务	科员	部门	设备处	审批人	李小儒
出差事由	培训设备操作			出差日期	自2008年11月30日 至2008年12月21日 共22天		
到达地点	成都市						
项目金额	交通工具				其他	旅馆费	补助	
	火车	汽车	轮船	飞机	招待	住宿20天	每天标准	合计
	600					2 000	100	2 200
总计人民币（大写）肆仟捌佰元整								
原借款金额	报销金额	交结余金额 ￥200						
5 000	4 800	人民币（大写）贰佰元整						

会计主管人员：　　　　记账：　　　　审核：　　　　附单据：3张

原凭　7-20-2

01v563268762　　天津　售
天津→成都　　K385 次
2009 年 11 月 30 日 02:51 开 01 车 08 号
全价 300.00 元　新空调卧铺特快
限乘当日当次车
在 3 日内有效

原凭　7-20-3

01v563269543　　成都　售
成都→天津　　K386 次
2009 年 12 月 20 日 18:20 开 06 车 08 号
全价 300.00 元　新空调卧铺特快
限乘当日当次车
在 3 日内有效

原凭　7-20-4

成都市旅店专用发票

旅客姓名：张增发　　2009 年 12 月 20 日　　成都地税监制 No20091220

摘要	住宿起止日期	天数	单价	金额							备注
					千	百	十	元	角	分	
住宿	12.1—12.20	20	100		2	0	0	0	0	0	
小写金额合计				¥	2	0	0	0	0	0	
人民币（大写）贰仟元整											

收款员：王晓刚

原凭　7-21-1

领　料　单

材料类别：　　　　　　　　　　　　　　　　　　　　领用部门编号：

领用部门：　　　　　　　年　月　日　　　　　　　　发料部门编号：

材料编号	名称及规格	计量单位	数量		金额	
			请领数	实发数	单价（元）	总价（元）
合计						
用途						

仓库主管：　　　　材料会计：　　　　领料员：　　　　经办人：

原凭　7-21-2

领　料　单

材料类别：　　　　　　　　　　　　　　　　　　　　领用部门编号：

领用部门：　　　　　　　年　月　日　　　　　　　　发料部门编号：

材料编号	名称及规格	计量单位	数量		金额	
			请领数	实发数	单价（元）	总价（元）
合计						
用途						

仓库主管：　　　　材料会计：　　　　领料员：　　　　经办人：

原凭　7-21-3

领　料　单

材料类别：　　　　　　　　　　　　　　　　　　　　　　　　领用部门编号：

领用部门：　　　　　　　　　年　月　日　　　　　　　　　　发料部门编号：

<table>
<tr><td rowspan="2">材料编号</td><td rowspan="2">名称及规格</td><td rowspan="2">计量单位</td><td colspan="2">数量</td><td colspan="2">金额</td></tr>
<tr><td>请领数</td><td>实发数</td><td>单价（元）</td><td>总价（元）</td></tr>
<tr><td></td><td></td><td></td><td></td><td></td><td></td><td></td></tr>
<tr><td></td><td></td><td></td><td></td><td></td><td></td><td></td></tr>
<tr><td></td><td></td><td></td><td></td><td></td><td></td><td></td></tr>
<tr><td></td><td></td><td></td><td></td><td></td><td></td><td></td></tr>
<tr><td colspan="3">合计</td><td colspan="4"></td></tr>
<tr><td>用途</td><td colspan="6"></td></tr>
</table>

仓库主管：　　　　　　材料会计：　　　　　　领料员：　　　　　　经办人：

原凭　7-21-4

领　料　单

材料类别：　　　　　　　　　　　　　　　　　　　　　　　　领用部门编号：

领用部门：　　　　　　　　　年　月　日　　　　　　　　　　发料部门编号：

<table>
<tr><td rowspan="2">材料编号</td><td rowspan="2">名称及规格</td><td rowspan="2">计量单位</td><td colspan="2">数量</td><td colspan="2">金额</td></tr>
<tr><td>请领数</td><td>实发数</td><td>单价（元）</td><td>总价（元）</td></tr>
<tr><td></td><td></td><td></td><td></td><td></td><td></td><td></td></tr>
<tr><td></td><td></td><td></td><td></td><td></td><td></td><td></td></tr>
<tr><td></td><td></td><td></td><td></td><td></td><td></td><td></td></tr>
<tr><td></td><td></td><td></td><td></td><td></td><td></td><td></td></tr>
<tr><td colspan="3">合计</td><td colspan="4"></td></tr>
<tr><td>用途</td><td colspan="6"></td></tr>
</table>

仓库主管：　　　　　　材料会计：　　　　　　领料员：　　　　　　经办人：

原凭 7-22-1

中国农业银行
转账支票存根（津）
IXII03662937

附加信息
出票日期 2009 年 12月 25日
收款人：东方电子
金额：￥140 000.00
用途：电脑

单位主管 会计

原凭 7-22-2

天津市增值税专用发票

发票联

开票日期：2009 年 12 月 25 日 No 20091225

名称：鸿儒木器有限责任公司 纳税人识别号：221117860653155 地址：天津市繁荣路 1499 号 电话 022-85541064 开户行及账号：农行繁荣路支行 301-3926499				密码区	47/-3 947/->59*<818<90 7>/0/433>2*3-0+672<7* 1+-<<51+41+>*>58*8 460 7 658 765<56+*31/58>>00		
应税劳务名称	规格型号	单位	数量	单价	金额	税率	税额
电脑	V3000	台	3	4 000.00	12 000.0	17%	2 040.00
合 计					12 000.0		2 040.00
价税合计（大写）	壹万贰仟元整			（小写）￥14 040.00			
名 称：东方电子有限责任公司 纳税人识别号：1102938475832 地址、电话：北京市复兴路 2304 号 010-60948324 开户行及账号：工行北京分行 010405338928124				备注			

纳税人： 复核： 开票人：李红 销货单位：（章）

第三联：记账联 销货方记账凭证

原凭　7-24

中国工商银行计息单

2009年12月27日

单位名称：鸿儒木器有限责任公司　　　　账号：301-3926499　　　　第20091227号

项　目	摘　要		金额：十	万	千	百	十	元	角	分
利息	收短期借款利息				8	2	5	0	0	0
合计（大写）	捌仟贰佰伍拾元整	合计	¥	8	2	5	0	0	0	

1．上列款项已列收你单位账户。
2．上列款项已收到你单位交来的现金。
3．上列示项已列付你单位账户。∨
（银行盖章）

中国农业银行繁荣路支行　2009.12.27　转账　转讫

会计记账　付出：＿＿＿＿＿　收入：＿＿＿＿＿

出纳：　复核：　记账：　制单：

原凭　7-25-1

委托收款凭证（付款通知）　　1

委托日期　2009 年 12月 28 日　　　　委托号码 1030244959

付款单位	全称	鸿儒木器有限责任公司	收款人	全称	天津市电业局
	账号	301-3926499		账号	02-20330455043
	开户银行	农行繁荣路支行		开户银行	工行天津分行河平支行

出票金额	人民币（大写）贰万陆仟陆佰元整	千	百	十	万	千	百	十	元	角	分
				¥	2	6	6	0	0	0	0

款项内容	电费	委托收款凭证名称		附寄单证张数	1张
备注：		款项收托日期 年 月 日		收款人开户银行签章	

中国农业银行繁荣路支行　2009.12.28　转账　转讫

单位主管　　　　会计　　　　复核　　　　记账

原凭　7-25-2

天津市客户电费统一发票

客户代码：　　用电类别：　　户名：鸿儒木器有限责任公司

运行容量：　　倍率：　　地址：天津市繁荣路1499号

本月表示数：

电量电费（元）	峰电量	谷电量	平电量	峰电费	谷电费	平电费
	（kwh）	（kwh）	（kwh）	（元）	（元）	（元）
动力						
商业						
非居民照明			34 103			26 600
居民照明						
合计			34 103			￥26 600

基本电费：　　三峡基金：　　附加费：　　合计电费：

力率电费：　　还贷资金：　　库区建设基金：　　分次电费：

金额（大写）：贰万陆仟陆佰元整　　￥26 600　　收费员：杜子美

发票联（此发票无电费发票志用章及收费员章无效）

原凭　7-25-3

12 月份电费分摊表

部　　门		金额（元）
车间	生产办公桌	13 460
	生产办公椅	11 740
	车间管理	500
行政管理部门		900
合计		26 600

制表人：刘敏

原凭　7-26-1

中国工商银行 进账单 3

2009 年 12 月 29 日　　　　第 20091229 号

<table>
<tr><td rowspan="3">付款单位</td><td>全称</td><td>天津宏达材料有限公司</td><td rowspan="3">收款人</td><td>全称</td><td>鸿儒木器有限责任公司</td></tr>
<tr><td>账号</td><td>120948278495</td><td>账号</td><td>301-3926499</td></tr>
<tr><td>开户银行</td><td>浦发河北路支行</td><td>开户银行</td><td>农行繁荣路支行</td></tr>
<tr><td>人民币（大写）</td><td colspan="4">壹万陆仟叁佰捌拾元整</td><td>千 百 十 万 千 百 十 元 角 分
　　¥ 1 6 3 8 0 0 0</td></tr>
<tr><td>票据种类</td><td>支</td><td colspan="4" rowspan="3">中国农业银行繁荣路支行
2009.12.29
转账
讫
收款人开户行盖章</td></tr>
<tr><td>票据张数</td><td>1</td></tr>
<tr><td colspan="2">单位主管　　会计　　复核　　记账</td></tr>
</table>

原凭　7-26-2

天津市增值税专用发票

发票联　（全国统一发票监制章 天津 国家税务总局监制）

开票日期：　　　　2009 年 12 月 29 日　　　　No 20091229

<table>
<tr><td colspan="5">名称：天津宏达材料有限公司
纳税人识别号：120948278495
地址、电话：天津市河北路 493 号　022-37489204
开户行及账号：浦发河北路支行　9482029487532</td><td>密码区</td><td colspan="3">4 567/45/->546<787<23
7>/06 783>2**903 455<5*
1-/#451+41+>*>5%234
95 348<56+*31/58>>52</td></tr>
<tr><td>应税劳务名称</td><td>规格型号</td><td>单位</td><td>数量</td><td>单价</td><td>金额</td><td>税率</td><td>税额</td><td></td></tr>
<tr><td>纤维板</td><td>p1201</td><td>张</td><td>200</td><td>70.00</td><td>14 000.00</td><td>17%</td><td>2 380.00</td><td></td></tr>
<tr><td>合　计</td><td></td><td></td><td></td><td></td><td>14 000.00</td><td></td><td>2 380.00</td><td></td></tr>
<tr><td>价税合计（大写）</td><td colspan="8">壹万陆仟叁佰捌拾元整　　　　（小写）¥16 380.00</td></tr>
<tr><td colspan="5">名称：鸿儒木器有限责任公司
纳税人识别号：221117860653155
地址、电话：天津市繁荣路 1499 号　022-85541064
开户行及账号：农行繁荣路支行　301-3926499</td><td>备注</td><td colspan="3">鸿儒木器有限责任公司 发票专用章</td></tr>
</table>

纳税人：　　　　复核：　　　　开票人：王磊　　　　销货单位：（章）

第三联：记账联　销货方记账凭证

原凭　7-27-1

12月份工资汇总表

（单位：元）

部　　门	金　　额
车间生产人员	100 000
车间管理人员	20 000
行政管理部门	30 000
合　　计	150 000

财务主管：　　　　会计：　　　　制表人：张青

原凭　7-27-2

12月份生产车间工资分配表

（单位：元）

生产车间	工时	分配率%	分配额
办公桌	3 500	70%	70 000
办公椅	1 500	30%	30 000
合计	5 000	100%	100 000

生产主管：　　　　制表人：张青

原凭　7-28

<table>
<tr>
<td>中国农业银行
转账支票存根（津）
AC022112
附加信息

出票日期　年　月　日
收款人：
金额：
用途：
单位主管　　会计</td>
<td>中国农业银行　　现金支票（津）　　AC022112
本支票支付期限十天
出票日期（大写）　　年　　月　　日　付款行名称：农行繁荣路支行
收款人：　　　　出票人账号：301-3926499
人民币（大写）　　亿 千 百 十 万 千 百 十 元 角 分
用途＿＿＿＿.
上列款项请从
我账户内支付
出票人签章　　　　复核　　记账</td>
</tr>
</table>

原凭　7-29

12 月份制造费用分配表

（单位：元）

生产车间	工时	分配率%	分配额
办公桌	3 500	70%	70 000
办公椅	1 500	30%	30 000
合计	5 000	100%	100 000

生产主管：　　　　制表人：吴天

原凭　7-30

入　库　单

物资类别　库存商品　　　　2009 年 12 月 30 日

NO. 091230

交货单位	生产车间		发票号码或生产单号码		验收仓库	二仓库	入库日期	2009.12.30
编号	名称及规格	单位	数量		单价	金额	备注	
			交库	实收				
140501	办公桌	张	840	840	325	273 000.00		
140502	办公椅	把	456	456	225	102 600.00		
合　计						375 600.00		

财务主管　记账　仓库主管　收货　交货部门主管　交货　制单

原凭　7-31

出　库　单

物资类别 原材料　　　　2009年12月31日

NO. 09123101

提货部门	销售部		发票号码或生产单号码	20091203	发出仓库	一仓库	出库日期	2009.12.31
编号	名称及规格	单位	数量			单价	金额	备注
			请领	实发				
p1201	纤维板	张	200	200		50	10 000.00	
合　计							10 000.00	

财务主管　记账　仓库主管　发货　提货部门主管　提货　制单

原凭　7-32-1

出　库　单

物资类别 库存商品　　　　2009年12月31日

NO. 09123102

提货部门	销售部		发票号码或生产单号码	20091205	发出仓库	一仓库	出库日期	2009.12.31
编号	名称及规格	单位	数量			单价	金额	备注
			请领	实发				
140501	办公桌	张	80	80		325	26 000.00	
140502	办公椅	把	300	300		225	67 500.00	
合　计							93 500.00	

财务主管　记账　仓库主管　发货　提货部门主管　提货　制单

原凭　7-32-2

出　库　单

物资类别 库存商品　　　　2009年12月31日

NO. 09123103

提货部门	销售部		发票号码或生产单号码	20091221	发出仓库	一仓库	出库日期	2009.12.31
编号	名称及规格	单位	数量			单价	金额	备注
			请领	实发				
140501	办公桌	张	180	180		325	58 500.00	
140502	办公椅	把	430	430		225	96 750.00	
合　计							155 250.00	

财务主管　记账　仓库主管　发货　提货部门主管提货　制单

原凭　7-35

鸿儒木器有限责任公司2009年度股东大会决议

时间：2009年12月31日上午9:00

地点：天津保利大酒店19楼会议室

参会人员：李斯　李小儒（鸿运公司董事长）等23人

议程：经股东会一致同意，形成决议如下：

1．审议通过了《关于董事会2009年工作报告的议案》：

……

2．审议通过了《关于监事会工作报告的议案》：

……

3．审议通过了《关于2009年度利润分配方案的议案》：

按净利润的10%提取法定盈余公积，提取任意盈余公积￥50 000万元，分配普通股现金股利￥648 000元。

全体股东签字：

（法人股东加盖公章并由法定代表人签字，自然人股东亲笔签字）

李斯　　李小儒

鸿儒木器有限责任公司盖章：

2009年12月31日

鸿儒木器有限责任公司

原凭　**7-36**

鸿儒木器有限责任公司 2009 年度股东大会决议

时间：2009 年 12 月 31 日上午 9:00

地点：天津保利大酒店 19 楼会议室

参会人员：李斯　李小儒（鸿运公司董事长）等 23 人

议程：经股东会一致同意，形成决议如下：

1．审议通过了《关于董事会 2009 年工作报告的议案》：

……

2．审议通过了《关于监事会工作报告的议案》：

……

3．审议通过了《关于 2009 年度利润分配方案的议案》：

按净利润的 10%提取法定盈余公积，提取任意盈余公积￥50 000 万元，分配普通股现金股利￥648 000 元。

全体股东签字：

（法人股东加盖公章并由法定代表人签字，自然人股东亲笔签字）

李斯　李小儒

鸿儒木器有限责任公司盖章：

2009 年 12 月 31 日

原凭　7-37

鸿儒木器有限责任公司2009年度股东大会决议

时间：2009年12月31日上午9:00

地点：天津保利大酒店19楼会议室

参会人员：李斯　李小儒（鸿运公司董事长）等23人

议程：经股东会一致同意，形成决议如下：

1．审议通过了《关于董事会2009年工作报告的议案》：

……

2．审议通过了《关于监事会工作报告的议案》：

……

3．审议通过了《关于2009年度利润分配方案的议案》：

按净利润的10%提取法定盈余公积，提取任意盈余公积￥50 000万元，分配普通股现金股利￥648 000元。

全体股东签字：

（法人股东加盖公章并由法定代表人签字，自然人股东亲笔签字）

李斯　　李小儒

鸿儒木器有限责任公司盖章：

2009年12月31日

参考文献

[1] 中华人民共和国财政部．企业会计准则 2006[M]．北京：经济科学出版社，2006.

[2] 中华人民共和国财政部．企业会计准则——应用指南 2006[M]．北京：中国财政经济出版社，2006.

[3] 财政部会计司编写组．企业会计准则讲解 2006[M]．北京：人民出版社，2007.

[4] 刘喜波，崔莉莉．会计综合模拟实训[M]．北京：机械工业出版社，2006.

[5] 天津市会计从业资格考试辅导用书编写组．财经法规与会计职业道德[M]．哈尔滨：哈尔滨工业大学出版社，2008.

[6] 天津市会计从业资格考试辅导用书编写组．会计基础[M]．哈尔滨：哈尔滨工业大学出版社，2008.

[7] 天津市会计从业资格考试辅导用书编写组．财经法规与会计职业道德[M]．北京：经济科学出版社，2009.

[8] 天津市会计从业资格考试辅导用书编写组．会计基础[M]．北京：经济科学出版社，2009.

[9] 财政部会计资格评价中心．初级会计实务[M]．北京：中国财政经济出版社，2008.

[10] 许长华．会计综合实训[M]．北京：高等教育出版社，2005.

[11] 包红霞．会计学[M]．北京：机械工业出版社，2006.

[12] 常庆森．基础会计[M]．北京：机械工业出版社，2006.

[13] 单惟婷．基础会计学[M]．北京：中国金融出版社，2007.